漢字の組み合わせでおぼえる

日本語表現学習帳

Let's Learn Japanese! — Kanji Vocabulary for Intermediate Learners

山口久代、竹沢美樹、崔 美貴 著

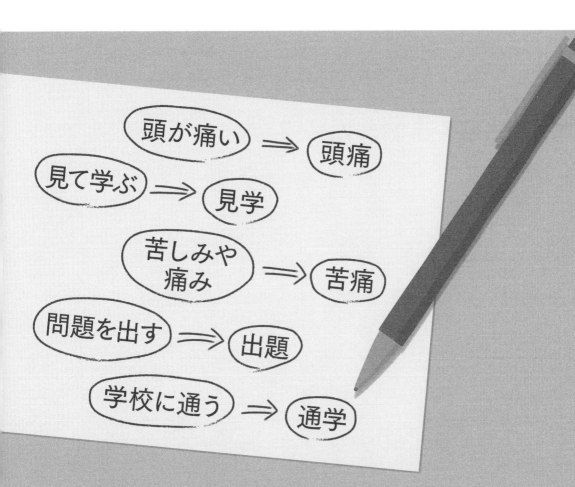

研究社

は　じ　め　に

■「漢字語の組み合わせタイプ」とは何か

　漢字にはそのひとつひとつに意味があります。そして、漢字が結びついてできた語には、その組み合わせ方にいくつかのタイプがあります。

　下の2つの漢字の語（本教材では「漢字語」と称す）は、前の漢字と後ろの漢字の関係が違います。

　★知人（知っている人・知り合い）　　　★求人（人を求めること）

　「知人」の「知」と「人」の場合は、前の漢字の「知」は後ろの漢字の「人」がどんな人かを詳しく説明していますが、「求人」の「求」と「人」の場合、後ろの漢字の「人」は、前の漢字「求」の対象を表しています。このように、漢字語の組み合わせ方がわかれば、漢字語の表す意味がわかります。これらの組み合わせは一般的には「語構成」と呼ばれ、いくつかのタイプに分類されています。本教材では、この「語構成」以外に、「読み書き」のような和語の並列形、また「待ち合わせ」のような複合動詞の名詞形も加え、「漢字語の組み合わせタイプ」として、p. vii のように A ～ F のタイプに分類しました。

■この教材の目的

　「漢字語の組み合わせタイプ」を意識して、漢字語の意味を考えることにより、漢字の音読みと訓読みを同時に学ぶことができ、漢字語が定着しやすくなります。

　また、漢字語の組み合わせ方が理解できれば、「立入禁止」のような、漢字語と漢字語が組み合わさった複合語も理解しやすくなります。この教材は、文字としての漢字に対する抵抗感をなくし、語としての漢字を効率よく学べるようにと考えて作成しました。

■この教材の特徴

1. 中級レベルの学習者を主な対象として、「漢字」はより基本的なものを選び、「漢字語」は少し上のレベルのものも扱っています。そのため、漢字と語のレベルは必ずしも同じではありません。それは、「先に語彙ありき」で、意味を理解して使えるようになった語であればこそ、その漢字が覚えられるという考え方にほかなりません。
2. 全体を 18 のトピック、40 のセクションに分け、場所のカテゴリーで括った関連語の中から、日常生活の中でよく見聞きすると思われる語を中心に扱いました。そして、「使用語」と位置づけられる語は書くことによる練習、「理解語」と位置づけられる語は読むことによる練習を通して、習得を目指します。

　なお、本書の出版に当たり、ご助言をくださった姫野昌子先生、また、本書の企画から出版に至るまでご尽力いただいた、吉田尚志氏と編集部の星野龍氏、鎌倉彩氏に心よりお礼申し上げます。

2023 年 7 月　　執筆者一同

目　次
もく　じ

〈トピック〉	〈今日の漢字〉	〈今日のメモ〉	
01 学校1 がっこう	学・校・始・終・業	大学の主な学部 だいがく　おも　がくぶ	2
学校2 がっこう	教・科・習・受・授	教科と科目 きょうか　かもく	4
学校3 がっこう	試・験・問・題・解	受験票と合格通知書 じゅけんひょう　ごうかくつうちしょ	6
02 家1 いえ	家・屋・室・建・物	家や部屋を表す言葉 いえ　へや　あらわ　ことば	8
家2 いえ	洗・除・料・用・事	作り方がわかる料理名 つく　かた　　　　りょうりめい	10
家3 いえ	食・飲・飯・冷・温	「熱い」「冷たい」と「ぬるい」 あつ　　つめ	12
03 会社1 かいしゃ	会・社・議・来・帰	時を表す言葉 とき　あらわ　ことば	14
会社2 かいしゃ	働・勤・給・休・職	アルバイトの求人広告 きゅうじんこうこく	16
会社3 かいしゃ	送・返・信・力・消	仕事の電話でよく使う表現 しごと　でんわ　　　つか　ひょうげん	18
04 駅1 えき	駅・電・車・乗・降	駅のアナウンス えき	20
駅2 えき	線・上・下・発・着	乗車券を買うときの言葉 じょうしゃけん　か　　　　ことば	22
駅3 えき	鉄・通・急・速・遅	車内のアナウンス しゃない	24
05 道1 みち	道・路・交・歩・走	道の呼び方 みち　よ　かた	26
道2 みち	横・進・停・止・迷	信号の色の呼び方 しんごう　いろ　よ　かた	28
道3 みち	運・行・転・動・駐	自転車に乗るときの注意 じてんしゃ　の　　　　ちゅうい	30
06 店1 みせ	店・開・閉・商・品	いろいろな支払い方 しはら　かた	32
店2 みせ	買・売・値・客・袋	割引について わりびき	34
店3 みせ	注・味・計・定・待	味と食感を表す言葉 あじ　しょっかん　あらわ　ことば	36

教材のねらい　―ご指導くださる先生方へ―

　漢字はひらがなやカタカナと同様に文字のひとつです。しかし、漢字には意味があるという点で、ひらがなやカタカナとは異なる側面があります。文字ならば、読めて書ければ習得したことになりますが、漢字の場合は読み書きだけでは習得したことになりません。一つ一つの漢字の意味を理解し、複数の漢字で表される語のしくみを知り、語として使えるようになって、はじめて習得に繋がります。つまり、漢字は文字であると同時に、カタカナ語などと同様に語のひとつでもあります。そのため、本教材では、漢字を使った語を「漢字語」と称して、日常生活でよく見聞きする漢字語の理解を深め、定着を図る目的で作成しました。以下に、課題別のねらいをまとめます。

【話しましょう】〜トピックへの導入

　イラストを見ながら、ヒントの関連語を会話の助けとして、自由に話し合わせる。

【今日の漢字＆今日の漢字を使った語】〜使用語彙に必要な漢字の確認

　各トピックに必要な基本的漢字を「今日の漢字」として５つ挙げ、漢字に関する文字情報として音・訓読みと部首および筆順を載せた。

　原則として常用漢字の常用外読みは取り上げないが、訓読み語としての使用頻度が高いと思われるものは「※」マークを付けて扱った。なお、常用漢字の常用読みであっても、上級レベルだと思われる訓読みは、語としては扱わず読みの提示のみとした。

　また、漢字ごとに提示している「今日の漢字を使った語」には、トピック内で使用されている語のほかに、別のトピックで扱われている語も「☞」マークを付けて示し、該当する使用場所を「語彙リストと翻訳」で示した。

【書きましょう】〜漢字語の組み合わせタイプの確認

　各トピックで扱われた５つの漢字ごとに挙がっている漢字語の中から、組み合わせタイプを示すことで意味理解に繋がると思える語にはそのタイプを記号で示した。

　ただし、組み合わせタイプが明確ではなく、意味のみを示す場合は、「⇒」で示した（組み合わせタイプの種類と特徴については次ページ参照）。

【読みましょう】〜理解語彙の意味の確認

　「今日の漢字を使った語」及び「書きましょう」で採用した漢字語を問題形式で示し、例文の場面や文脈の中での理解を図った。

【今日のメモ】〜トピック関連語の習得

　図や絵を多く取り入れ、漢字や語のレベルに捉われることなく、日常生活でよく見聞きする関連語の習得の拡大を図るとともに、次の段階の漢字語習得に向けての導入とした。

漢字語の組み合わせタイプ

A タイプ：雨上がり（雨が上がる）／頭痛（頭が痛い）〜前の漢字は主語、後ろの漢字は述語

B タイプ：外食（外での食事）／胃腸薬（胃と腸の薬）／薄味（薄い味）／急行（急いで行く）／
通過（通り過ぎる）／防止（防いで止める）〜前の漢字は後ろの漢字を詳しく説明

C タイプ：人々／別々 〜同じ漢字を重ねる

道路／会合／温暖／思考／報告 〜よく似た意味の漢字を並べる

読み書き／乗り降り／風雨／飲食 〜関係のある漢字を並べ、両方の意味を表す

左右／勝負（勝ち負け）／売買（売り買い）〜反対の意味の漢字を並べる

D タイプ：値上げ（値段を上げる）／作曲（曲を作る）／乗車（車に乗る）／立入禁止（立ち入
りを禁止する）／各駅停車（各駅に停車する）〜 2 つの漢字・漢字語の関係は動作とそ
の対象や場所。日本の漢字語と中国からの漢字語では、漢字の順番が逆になる。

E（その他のタイプ）：

・ 未払い／無料／不（可）思議／非常口／悪化／客観的／被害／所有／終了 〜決まった意味（否
定、可能、受身、コト・モノ、性質など）を表す漢字が前や後ろに付いた語

・ 出入国／動植物／登下校／送受信 〜関係のある 2 つの語が合わさってできた語

・ 高等学校⇒高校／入学試験⇒入試／特別急行⇒特急 〜省略して短くした語

F（複合動詞の名詞形）：

・ 売り切れ（⇐売り切れる）／待ち合わせ（⇐待ち合わせる）／乗り換え（⇐乗り換える）

この教材の使い方　―学習者の皆さんへ―

話しましょう
イラストを見ながら、ヒントの中の語を使って話したり絵を描いたりしてみましょう。

今日の漢字
トピックでよく使われる漢字です。筆順（書く順番）のとおりに書いてみましょう。

今日の漢字を使った語
同じトピックの中で使われている語を5つの漢字ごとにまとめました。

【☞マークのついた語】
ほかのトピックの中で使われている語です。使われている場所は、「語彙リストと翻訳」の中に書いてあります。研究社 HP からダウンロードして確認しましょう。

11　文化・娯楽施設2
今日の漢字～ 音・楽・演・映・観

話しましょう！　映画やコンサートは好きですか。よく行くところはどこですか。

① ② ③ ?

ヒント
映画／コンサート／ライブ／ダンス／演劇／歌劇／オペラ／ミュージカル／伝統芸能（歌舞伎・能・狂言など）

●今日の漢字	筆順	訓読み	音読み	部首 画数	◆今日の漢字を使った語◆
音	音	おと ね	オン イン	音 9	物音　音色　音声　音響　音色　音楽家　発音　騒音　軽音楽　☞音読　音楽　音楽学部　警報音
楽	楽	たの-しい たの-しむ	ガク ラク	木 13	楽器　楽曲　娯楽　★吹奏楽　★器楽　☞行楽地
演	演		エン	水 氵 14	演技　演劇　演出　演奏　演説　出演　上演　公演
映	映	うつ-す	エイ	日 9	映画　映画館　映画監督　映像　上映　放映
観	観	※み-る	カン	見 18	観客　観客席　観覧　★観光　★観賞　外観　主観(的)　客観(的)　☞観察　観戦　観光地　観光バス

54

【※のついた読み方】
少し難しいですが、ときどき使われますので、覚えてください。

【★マークのついた語】
トピックの中にはありませんが、「解答・解説」で説明しています。

日本語には、ひらがなやカタカナで表す語のほかに、漢字を使って表す漢字語があります。2つ以上の漢字でできた漢字語は、前の漢字と後ろの漢字の組み合わせ方を覚えると、語の意味がわかります。漢字の組み合わせ方にはいくつかのタイプがあります。p. vii を見てください。

書きましょう！

① それぞれの音の持つ感じ（色）＝ ﹏B﹏ □色（音色）　物音や人の声＝ ﹏C﹏ □声

② 軽い気分で楽しむ音楽＝ ﹏B﹏ 軽□□　仕事や勉強を離れて楽しむもの＝ ﹏C﹏ 娯□

③ 演劇や音楽などを観客（公衆）の前で上演・演奏する＝ ﹏B﹏ 公□する

④ 映画を観客に見せる＝ ﹏D﹏ 上□する　映画をテレビで放送する＝ ﹏D﹏ 放□する

⑤ 外（客）からの見方・考え方（観）＝ ﹏C﹏ 客□（的）⇔主観（内からの見方・考え方）

読みましょう！　適当な語を選んでください。

| a 上映 | b 音色 | c 発音 | d 観光 | e 公演 | f 観客席 | g 外観 |

① 言語の ＿＿＿＿＿ に慣れるため、映画は吹き替えではなく字幕付きの映像を選びます。

② 古い劇場は、建物の ＿＿＿＿＿ もきれいで館内もおしゃれで、建物見物も楽しみです。

③ プロが演奏する楽器の ＿＿＿＿＿ はきれいですが、妹のバイオリンは騒音のようです。

④ 映画館の ＿＿＿＿＿ は、話題の新作映画が公開されてから、連日満席です。

⑤ 世界的サーカス集団の来日が決定しましたが、＿＿＿＿＿ の詳細は未定です。

今日のメモ…「演」の意味

演

「技術や芸などを人々の目の前でやって見せる」
＝
「演じる」
芸術や文化の言葉に多い。

演技：見る人の前で、芸などをやって見せること。
演劇：俳優が舞台で演じる劇。芝居。
演出：映画や舞台で演技・装置・照明・音響などを総合的に作ること。
演奏：聞く人の前で、楽器を奏でたり歌を歌ったりすること。
演説：多くの人々の前で自分の意見を話すこと。
出演：映画やテレビなどに登場すること。

この記号は、どの組み合わせタイプなのかを表しています。漢字語の組み合わせタイプを考えると、音読みと訓読みをいっしょに覚えることもできて便利です。組み合わせタイプを確認しながら、□の中に入る漢字を書いてみましょう。答えの漢字がわからない人は、「今日の漢字」をもう一度確認しましょう。

読みましょう

選択肢の中から適当な語を選んで、場面や意味を考えながら読んでみましょう。答えは、p. 82-92 の「解答・解説」で確認してください。

今日のメモ

日本の生活の中で、よく見たり聞いたりする語や表現です。図や絵を見ながら語の意味を覚えて、使ってみましょう。

語彙リストと翻訳

Vocabulary list and translations

词汇表和翻译

단어장 및 번역

Danh sách từ vựng và bản dịch

Lista de vocabulário e traduções

研究社 HP（https://www.kenkyusha.co.jp/）より、以下の手順でダウンロードできます。

① 研究社ホームページのトップページから、「音声・各種資料ダウンロード」にアクセスします。

② 表示された書籍の一覧から「漢字の組み合わせでおぼえる日本語表現学習帳」の［ダウンロード］をクリックしてください。ファイルのダウンロードが始まります。

③ ダウンロードが終わったら、ファイルを開いて使ってください。

＜リストの見方＞

① あいうえお順ではなく、トピックの「今日の漢字」ごとにまとめる。

② トピックで使用されていない ☞ マークの語は、どこで使われているかを以下のように表す。

【使われている場所の例】

* 【05－1読】〜「05 道1」の「読みましょう」にある

* 【05－1・3読】〜「05 道1」と「道3」の「読みましょう」にある

* 【05－1・06－1読】〜「05 道1」と「06 店1」の「読みましょう」にある

* 【05－1書・読・メモ】〜「05 道1」の「書きましょう」「読みましょう」「今日のメモ」にある

* 【05－1話・06－1メモ】〜「05 道1」の「話しましょう」と「06 店1」の「今日のメモ」にある

* 【05－3解】〜「05 道3」の「解答・解説」にある

③ 5つの「今日の漢字」の中には入っていないが、トピックでよく使われる語（関連語）は、「駅1 関連語」のように、セクションごとにまとめる。

④ 「関連語」の中で「★」マークの付いた語は、p. 82〜の「解答・解説」の中に説明がある。

さあ、はじめましょう！

よく見たり聞いたりする表現がいっぱいです。
生活の日本語をおぼえましょう。

話_{はな}しましょう！ あなたの進路コース（これから進んでいく道）はどれですか。_{しんろ} _{すす} _{みち}

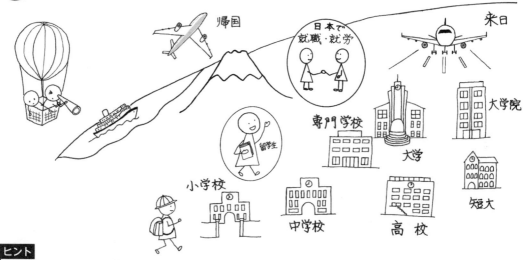

帰国　日本で就職・就労　来日

大学院

専門学校　大学　短大

留学生

小学校　中学校　高校

ヒント

小学校／中学校／高校（高等学校）／専門学校／短大（短期大学）／大学／大学院／_{しょうがっこう} _{ちゅうがっこう} _{こうこう} _{こうとうがっこう} _{せんもんがっこう} _{たんだい} _{たんきだいがく} _{だいがく} _{だいがくいん}

入学／進学／卒業／就職／就労／来日／帰国／留学生_{にゅうがく} _{しんがく} _{そつぎょう} _{しゅうしょく} _{しゅうろう} _{らいにち} _{きこく} _{りゅうがくせい}

今日の漢字_{きょう かんじ}	筆順_{ひつじゅん}	訓読み_{くんよ}	音読み_{おんよ}	部首_{ぶしゅ} 画数_{かくすう}	◆今日の漢字を使った語◆_ご
学	学	まな-ぶ	ガク	子	学校　学生　学部　学科　学習　学年_{がっこう} _{がくせい} _{がくぶ} _{がっか} _{がくしゅう} _{がくねん} 〜学期＜３学期＞　学問　学業　学長_{がっき} _{がっき} _{がくもん} _{がくぎょう} _{がくちょう}
				8	入学　進学　通学　留学生_{にゅうがく} _{しんがく} _{つうがく} _{りゅうがくせい} ☞学歴　学説　学者_{がくれき} _{がくせつ} _{がくしゃ}
校	校	―	コウ	木	校門　校則　校舎　休校　登校　下校_{こうもん} _{こうそく} _{こうしゃ} _{きゅうこう} _{とうこう} _{げこう} 登下校_{とうげこう}
				10	☞校庭　校外学習_{こうてい} _{こうがいがくしゅう}
始	始	はじ-まる はじ-める	シ	女	〜始め＜学期始め＞_{はじ} _{がっきはじ} 始業式　開始_{しぎょうしき} _{かいし}
				8	☞始発電車（始発）　始発駅_{しはつでんしゃ} _{しはつ} _{しはつえき}
終	終	お-わる お-える	シュウ	糸	終業式　終了_{しゅうぎょうしき} _{しゅうりょう}
				11	☞終電　終着駅（終点）　最終選考_{しゅうでん} _{しゅうちゃくえき} _{しゅうてん} _{さいしゅうせんこう}
業	業	わざ	ギョウ ゴウ	木	卒業_{そつぎょう}
				13	☞業界　職業　残業　開業　営業　営業中_{ぎょうかい} _{しょくぎょう} _{ざんぎょう} _{かいぎょう} _{えいぎょう} _{えいぎょうちゅう} 卒業証書　漁業_{そつぎょうしょうしょ} _{ぎょぎょう}

① 新しい学生として学校に入る＝D 入◻する⇔卒業する

さらに上の学校に進む＝D 進◻する　学校で学ぶ勉強（業）＝B ◻◻

② 授業を受けに学校へ行く＝D 登◻する⇔下校する　登校と下校＝E 登下校

③ 学校を休みにする＝D 休◻する　学校の規則＝B ◻則

④ 物事が終わる・を終える＝E ◻了する⇔開始する

⑤ 授業を始める式＝B ◻業式⇔終業式

読みましょう！　適当な語を選んでください。

| a 通学　b 学業　c 進学　d 始業　e 入学　f 登下校　g 休校 |

① 行事の一番の思い出と言えば、期待と不安で胸がいっぱいだった ＿＿＿＿＿ 式です。

② 小学校の児童が集団で ＿＿＿＿＿ するのを、先生は校門や校舎の前で見守ります。

③ 電車の定期券を手に、遠くの学校に ＿＿＿＿＿ する小学生もいます。

④ 学びたい学問や就きたい仕事の分野に合わせて ＿＿＿＿＿ する学部・学科を選びます。

⑤ 地震や台風などの影響で、学校が ＿＿＿＿＿ になったり、授業が休講になったりします。

今日のメモ…大学の主な学部

文系
文学部　教育学部　社会学部
人間科学部　心理学部
外国語学部　国際学部　法学部
経済学部　経営学部　商学部など

理系
理学部　工学部　情報学部　医学部
薬学部　歯学部　看護学部　保健学部
福祉学部　獣医学部　生物学部
農学部　栄養学部　家政学部など

芸術・体育系
美術学部
音楽学部
体育学部など

話しましょう！ <small>はな</small>　どこですか。何がありますか。だれが、何をしていますか。 <small>なに なに</small>

ヒント

教室／黒板／ホワイトボード／マーカー／時間割表／机／教科書／ノート／筆箱（ペンケース）／鉛筆／消しゴム／ <small>きょうしつ こくばん じかんわりひょう つくえ きょうかしょ ふでばこ えんぴつ け</small>

シャープペンシル／ボールペン／定規／参考書／勉強／発表／説明／質問 <small>じょうぎ さんこうしょ べんきょう はっぴょう せつめい しつもん</small>

今日の漢字 <small>きょう かんじ</small>	筆 順 <small>ひつじゅん</small>	訓読み <small>くん よ</small>	音読み <small>おん よ</small>	部首 <small>ぶ しゅ</small> 画数 <small>かくすう</small>	◆今日の漢字を使った語◆ <small>ご</small>
教	教	おし‐える おそ‐わる	キョウ	攵 11	教科　教科書　教室　教材　教師　教員 教員免許　教授　教育学部
科	科	―	カ	禾 9	科目　国語（科）　数学（科）　理科 社会（科） ☞内科　外科
習	習	なら‐う	シュウ	羽 11	予習　復習　自習　講習　実習 ☞習い事　（発声・合同・全体・自主）練習
受	受	う‐かる う‐ける	ジュ	又 8	受付　受講　受賞　受験　受験（番号・科目）　受験票　受験生 ☞手荷物受取所　受信　受信トレイ（受信箱）　受診　送受信
授	授	さず‐ける さず‐かる	ジュ	手 扌 11	授業　授与 ☞授業料

書 きましょう！

① 教えることが仕事の人＝ B □師 （きょうし）　② 教える科目＝ B □科 （きょうか）

③ 学校などで学び習う＝ B □□する （がくしゅう）　自分で学習する＝ B 自□する （じしゅう）

習ったことをもう一度（復）学習する＝ B 復□する ⇔予習する （ふくしゅう）

実際に体を使って技術を習う＝ B 実□する （じっしゅう）

④ 講義や講習を受ける＝ D □講する （じゅこう）

⑤ 学業を教え与える（授ける）＝ D □□する （じゅぎょう）　大学で教える先生⇒□□ （きょうじゅ）

読 みましょう！　適当な語を選んでください。

a 教科書　b 受講　c 復習　d 授業　e 教員　f 教科　g 教授

① 教育学部で必要な単位を取り実習も経験して、やっと _____ 免許が授与されました。

② 学期始めに _____ 科目を決め、教科書や参考書、問題集などの教材をそろえます。

③ 日本語会話は問題ありませんが、大学の _____ を理解するにはまだ課題があります。

④ 毎日、予習と _____ をした結果、3学期は成績が上がり、優秀賞を受賞しました。

⑤ 私の得意な _____ は数学で、特に図形です。苦手なのは暗記が必要な社会です。

今日のメモ…教科と科目

時間割表　〇〇中学校3年1組

	月曜日	火曜日	水曜日	木曜日	金曜日
1時間目	体育	国語	英語	社会	理科
2時間目	音楽	数学	理科	体育	数学
3時間目	社会	理科	国語	技術家庭	英語
4時間目	国語	社会	数学	技術家庭	英語
5時間目	美術	総合	社会	理科	国語
6時間目	美術	総合	道徳	音楽	数学

～時間目＝～時限＝～校時

小学校：45分授業

中学校・高校：50分授業

（1～4時間目は午前、5時間目以降は午後）

大学：90分授業

（1・2時間目は午前、3時間目以降は午後）

教科	科目（※日本の高校で使われている科目名）		
社会	世界史（A・B）　日本史（A・B）　地理　政治・経済　倫理など		
数学	数学（I・II・III）　数学（A・B）など		
理科	生物　地学　化学　物理など		

話しましょう！　どこですか。だれが何をしていますか。机の上に何がありますか。

ヒント

試験会場／試験／受験生／問題用紙／解答用紙／受験票／受験番号／受験科目／写真／筆記用具

今日の漢字	筆順	訓読み	音読み	部首 / 画数	◆今日の漢字を使った語◆
試	試	こころ-みる ため-す	シ	言 13	試し　力試し 試着　試験　試験(室・会場)　追試(験) 入学試験(入試)　定期試験 ☞試食　試飲　試合
験	験	—	ケン ゲン	馬 18	経験 ☞実験　体験　未経験者
問	問	と-う と-い とん	モン	口 11	問い 問題　問題集　疑問　質問　全問(題) ☞問い合わせ　問診表
題	題	—	ダイ	頁 18	題名　課題　出題　話題 ☞宿題　主題　主題歌
解	解	と-ける と-く と-かす	カイ ゲ	角 13	解答　正解　不正解　理解　読解　聴解 ★了解 ☞解説　解除　解約　解決　解凍　圧縮解 凍ソフト　解熱　解熱剤　ストレス解消

　きましょう！

① 力があるかどうか試す＝ C ☐☐ する　試しに着てみる＝ B ☐着する

② 試験を受ける＝ D ☐☐ する　後から追加で行う試験＝追 B ☐（験）

③ 答えを求める（問う）ことがら（題）⇒ ☐☐　疑ってたずねる（問う）こと＝ B 疑☐

④ 問題を出す＝ D ☐☐ する

⑤ 問題を解いて答える。またその答え＝ B ☐答（する）

　正しく解答する。またその答え＝ B 正☐（する）⇔不正解

　みましょう！　適当な語を選んでください。

| a 受験　b 問題　c 解答　d 入学試験　e 質問　f 正解 |

① 彼女は先日の定期試験で全問 _____ 、つまり満点を取り、校内で話題になりました。

② 力試しに日本語能力試験（JLPT）の読解と聴解の過去 _____ を解いてみました。

③ _____ する大学を決めるとき、進路指導の先生が熱心に相談に乗ってくださいました。

④ _____ の願書などの出願書類は、書留で送付するか大学の受付に提出します。

⑤ 試験のとき、_____ をマークシートに記入する場所を間違えないように注意しましょう。

今日のメモ…受験票と合格通知書

令和5年度　日本留学試験　受験票
試　験　日：令和5年6月18日（日）
試験会場開門時間：午前9時

受験番号	受験科目	試験時間
	日本語	9:30～12:00
	総合科目	13:30～15:00
	数学	15:40～17:00

受験地　試験会場		試験室

名　前	性別	生年月日	国・地域

日本留学試験
受験票　試験日
試験会場　開門時間
受験番号
受験科目　試験時間
総合科目　受験地
試験室
名前　性別
生年月日　国・地域
合格通知書

合格通知書

受験番号　123456
氏　名　○○○○○○

令和5年度△△大学経済学部の
入学試験に合格したので通知します。

令和5年3月6日
△△大学
学長　□□□□

7

話しましょう！ 家族の呼称（呼び方）を知っていますか。

（父の父）（父の母）　（母の父）（母の母）

（父の姉）（父の兄）　父　　母　（母の弟）（母の妹）

いとこ

義理の弟（妹の　）　妹　私　兄　義理の姉（兄の　）

兄の子（男）　兄の子（女）

ヒント

両親（父・母）／兄弟（兄・弟）／姉妹（姉・妹）／祖父母／従兄弟／夫婦（夫・妻）／おじ・おば／
義理の〜／おい・めい

今日の漢字	筆順	訓読み	音読み	部首 / 画数	◆今日の漢字を使った語◆
家	家	いえ や	カ ケ	宀 / 10	家賃　大家　家族　家庭　家具　家事　〜家＜田中家＞　☞家政学部　家電量販店　画家　作家　〜家＜写真家・建築家＞　民家　技術家庭
屋	屋	や	オク	尸 / 9	屋根　部屋　犬小屋　屋上　屋内　屋外　家屋　☞屋台　定食屋
室	室	むろ	シツ	宀 / 9	室内　室温　寝室　浴室　和室　洋室　☞教室　病室　空き室／空室　〜室＜手術室・診察室・待合室・会議室・研究室・図書室＞
建	建	た－つ た－てる	ケン コン	廴 / 9	建物　一戸建て　〜階建て＜7階建て＞　建築　建設
物	物	もの	ブツ モツ	牛 / 8	物置　着物　作物　☞物知り　物音　物事　品物　果物　買い物　乗り物　食物アレルギー　手荷物カウンター　書物　物理　生物　動物園　植物園　博物館

書きましょう！

① 家の中で使う大きな道具＝_B□具　家族のあつまるところ⇒□庭

② 屋根の上＝_B□上　家屋（＝建物）の外＝_B□外⇔屋内

③ 西洋式（スタイル）の部屋（室）＝_B洋□⇔和室（日本式）　部屋（室）の中（内）＝_B□内

室内の温度＝_B□温

④ 7階の建物⇒7階□て

⑤ あまり使わない物を置いておくところ＝_D□置

読みましょう！　適当な語を選んでください。

a 和室　b 物置　c 屋根　d 建物　e 犬小屋　f 室内　g 家具

① 建設中のビルの隣にある、＿＿＿＿＿＿が青い家に田中家の家族が住んでいます。

② 日本に来たら、畳のある ＿＿＿＿＿＿ で生活し、着物を着たいという外国人も多いです。

③ ＿＿＿＿＿＿ は暖房をつけているので暖かいですが、廊下に出ると気温が低くて寒いです。

④ あまり使わない物は屋外にある ＿＿＿＿＿＿ に入れて、家の中はすっきりさせたいです。

⑤ 大家さんの家は古い和風建築で、庭の ＿＿＿＿＿＿ には大きな犬がいます。

今日のメモ…家や部屋を表す言葉

〈一戸建て〉　〈集合住宅〉
窓　ドア　壁　アパート　マンション
屋根　壁　天井　床　柱　団地

間取り…玄関、洗面所、浴室（風呂）、お手洗い（WC）、台所（キッチン）、居間（リビング）、寝室、和室、洋室、○畳（畳の枚数＝部屋の広さ）、バルコニーなど

2LDK：リビング・ダイニング・キッチンのほかに部屋が二つ

家の部分…屋根、柱、壁、天井、床、窓、ドア

部屋を借りる…家賃、敷金、礼金、オートロック、バス・トイレ別、ペット可、駅から徒歩○分、築○年

浴室　洗面　WC　床下収納　ホール　和室 8畳　クローゼット　クローゼット　LDK 14.8畳　K　玄関　洋室 8畳　2LDK

9

話（はな）**しましょう！** 　洗濯（せんたく）や掃除（そうじ）の言葉（ことば）を考えましょう。

① 　　　　　　② 　　　　　　③

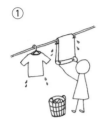   

洗濯機（せんたくき）・食器洗い機（しょっきあらいき）（食洗機（しょくせんき））を（　　　　　）／掃除機（そうじき）・アイロンを（　　　　　）

洗濯物（せんたくもの）を（①　　　　　）（②　　　　　）（③　　　　　）

ほうきで床（ゆか）を（　　　　　）／ぞうきんで机（つくえ）を（　　　　　）

ヒント
かける／掃（は）く／ふく／干（ほ）す／
たたむ／回（まわ）す／取（と）り込（こ）む

今日（きょう）の漢字（かんじ）	筆順（ひつじゅん）	訓読（くんよ）み	音読（おんよ）み	部首（ぶしゅ）画数（かくすう）	◆今日（きょう）の漢字（かんじ）を使（つか）った語（ご）◆
洗	洗	あら-う	セン	水 氵	お手洗（てあら）い
				9	洗濯（せんたく）　洗濯物（せんたくもの）　洗濯機（せんたくき）　洗面所（せんめんじょ）　洗顔（せんがん）　洗剤（せんざい）
除	除	のぞ-く	ジョ ジ	阜 阝	除湿（じょしつ）　除菌（じょきん）
				10	掃除（そうじ）　掃除機（そうじき）　☞解除（かいじょ）　削除（さくじょ）
料	料	―	リョウ	斗	料理（りょうり）　〜料理（りょうり）＜日本料理（にほんりょうり）＞　材料（ざいりょう）　調味料（ちょうみりょう）
				10	☞料金（りょうきん）　料亭（りょうてい）　有料（ゆうりょう）　無料（むりょう）　給料（きゅうりょう）　送料（そうりょう）　（手数（てすう）・レンタル）料（りょう）
用	用	もち-いる	ヨウ	用	用事（ようじ）　用意（ようい）　日用品（にちようひん）　台所用品（だいどころようひん）　使用（しよう）　〜用＜洗顔用（せんがんよう）＞　〜用具＜掃除用具（そうじようぐ）＞
				5	☞用語（ようご）　用紙（ようし）　用法（ようほう）　服用（ふくよう）　費用（ひよう）　展示用（てんじよう）　筆記用具（ひっきようぐ）　（歩行者（ほこうしゃ）・自動車（じどうしゃ））専用（せんよう）　女性専用車両（じょせいせんようしゃりょう）
事	事	こと	ジ ズ	亅	仕事（しごと）　家事（かじ）　行事（ぎょうじ）
				8	☞習（なら）い事（ごと）　出来事（できごと）　事故（じこ）　事件（じけん）　事務（じむ）　事務局（じむきょく）　返事（へんじ）　火事（かじ）　工事中（こうじちゅう）　領事館（りょうじかん）

書 きましょう！

① 顔を洗う＝ D [　] 顔する

② 掃いてごみなどを取り除く＝ B 掃[　] する　湿気・菌を除く＝ D [　] 湿・[　] 菌する

③ 味を調える材料＝ B 調味[　]

④ 何かに使用する道具＝ B [　] 具　毎日、用いる（使う）品物＝ B 日[　] 品

しなければならない事＝ [　][　]

⑤ （掃除などの）家の中の仕事＝ B [　][　]　学校や会社で日を決めて行う事＝ B [　][　]

読 みましょう！　適当な語を選んでください。

| a 家事 | b 調味料 | c 洗面所 | d 用意 | e 洗顔 | f 除湿 | g 用事 |

① 湿気が多いときは、エアコンを ＿＿＿＿＿ モードにし、台所用品もよく除菌します。

② 掃除用具や洗濯用洗剤などの日用品は、＿＿＿＿＿ の棚に入れておきます。

③ 味噌や塩、醤油などの日本料理に使う ＿＿＿＿＿ は重いので車で買い出しに行きます。

④ 食洗機や最新の掃除機を買ったら、＿＿＿＿＿ が楽になりました。

⑤ 天気のいい日、特に ＿＿＿＿＿ がなくても家から出るのは健康のために大事なことです。

今日のメモ…作り方がわかる料理名

玉子（卵）をゆでる　　野菜を炒める　　肉を焼く　　魚を煮る
↓　　　　　　　↓　　　　　　↓　　　　↓
ゆで玉子　　　　野菜炒め　　　　焼肉　　　　煮魚

茶碗に溶いた玉子や具材を入れて蒸す　とり肉を油で揚げる　野菜などを入れてご飯を炊く　ネギを刻む
↓　　　　　　　　　　　↓　　　　　　　↓　　　　　　　↓
茶碗蒸し　　　　　　　　唐揚げ　　　　炊き込みご飯　　　刻みネギ

しましょう！　使ったことがありますか。

ヒント

台所（キッチン）／食堂（ダイニング）／
冷蔵庫／換気扇／炊飯器／ガス台／電子レ
ンジ／トースター／ポット／鍋／まな板／包
丁／お玉／茶碗／皿／お盆／後片付け

今日の漢字	筆順	訓読み	音読み	部首／画数	◆今日の漢字を使った語◆
食	食	く－う く－らう た－べる	ショク ジキ	食 9	食べ物 食卓　食器　食器洗い機（食洗機）　食事 軽食　朝食　昼食　夕食　夜食　洋食　和食　外食 ☞立ち食いそば　食堂　食感　食料品　食中毒 食物アレルギー　食費　食間　非常食　試食
飲	飲	の－む	イン	食 12	飲み物　飲み過ぎ 飲料水　〜飲料＜炭酸飲料＞ ☞飲み薬　試飲　飲酒運転　飲食禁止
飯	飯	めし	ハン	食 12	★昼飯 朝ご飯　昼ご飯　晩ご飯　炊き込みご飯 炊飯器
冷	冷	つめ－たい ひ－える ひ－やす さ－める さ－ます	レイ	冫 7	冷蔵庫　冷凍食品　冷水 ☞冷房　寒冷前線
温	温	あたた－かい あたた－まる あたた－める	オン	水 氵 12	温水　温室　温度　常温　気温 ☞温泉　温暖前線　地球温暖化　体温　保温

書きましょう！

① 家の外で食事をする＝ B □□する　夜遅くにとる軽い食事（軽食）＝ B 夜□

② （炭酸の入った）飲み物＝ B （炭酸）□料　飲むための水（飲み水）＝ B □料水

③ ご飯を炊くための機器＝炊□器　夕方（晩）の食事＝ B 夕□・晩ご□

④ 冷たい水＝ B □□

⑤ 温かい水＝ B □□　部屋の中の普通（常）の温度＝ B 常□

読みましょう！　適当な語を選んでください。

> a 温室　　b 常温　　c 和食　　d 気温　　e 外食　　f 夕食　　g 冷蔵庫

① 毎日の食事はほとんど ＿＿＿＿＿ ですが、今日は炊飯器でご飯を炊いて、料理します。

② お酒の飲み過ぎでのどが渇き、＿＿＿＿＿ から冷たい水を出して飲みました。

③ 店には ＿＿＿＿＿ で育てられた作物が並び、寒い冬でも夏の野菜が食べられます。

④ ＿＿＿＿＿ に戻すだけで解凍できる、便利な冷凍食品をお弁当に入れました。

⑤ 食卓には ＿＿＿＿＿ に合わせて、洋食では使わない和風の食器を並べてみました。

今日のメモ…「熱い」「冷たい」と「ぬるい」

●飲み物

熱くて飲めない → 冷ましてちょうどいい温度 → 時間がたつ → ぬるくなっておいしくない ← 時間がたつ ← 冷えてちょうどいい温度 ← 冷蔵庫で冷やす

●温泉のお湯

熱め	43〜44℃
普通	41〜42℃
ぬるめ	38〜40℃

13

話しましょう！　どんな仕事、どんな働き方がありますか。

ヒント

オフィスワーク／テレワーク／つくる（製造・製作・建設）／売る（販売）／客と接する（接客）／届ける（配達）／世話をする（介護）／フロント（受付）／レジ（会計）／正社員／契約社員／フルタイム／パートタイム／アルバイト

今日の漢字	筆順	訓読み	音読み	部首 画数	◆今日の漢字を使った語◆
会	会	あ－う	カイ エ	人 イ	会社　会社員　会長　会議　会議室　会計　機会
				6	☞ 会員　会場　会話　会計士　会合　会費　都会　開会式　閉会式
社	社	やしろ	シャ	示 ネ	社長　社員　社員証　社会人　入社　出社　退社　本社　支社
				7	☞ 神社
議	議	—	ギ	言	議題　議論
				20	☞ 不（可）思議
来	来	く－る きた－る きた－す	ライ	木	出来事　来客　来週　来月　来年
				7	☞ 来日　外来受付　飛来
帰	帰	かえ－る かえ－す	キ	巾	〜帰り＜仕事帰り＞　帰社　帰宅　帰国
				10	☞ 日帰り　帰港　復帰

書 きましょう！

① （関係者が）会って議論する＝ B[　]議する

② 社員として新しくその会社に入る＝ D[　][　]する⇔退社する

　会社に出る＝ D[　][　]する⇔退社・退勤する

③ 会議の題（テーマ）＝ B[　]題

④ たずねて来る（来た）客＝ B[　]客　　日々起こる（出で来る）いろいろな事＝ 出[　]事

⑤ 会社に帰る＝ D[　][　]する　　自宅に帰る＝ D[　]宅する

読 みましょう！　適当な語を選んでください。

a 帰社　　b 会議　　c 来社　　d 退社　　e 入社　　f 出社　　g 議論

① ＿＿＿＿＿＿ して以来、一度も欠勤していないということで、会長賞をいただきました。

② 共働きの二人は働き者で、始業時間の 30 分前に ＿＿＿＿＿＿ し、休暇もあまり取りません。

③ 取引先からのクレームを解決するため、会議室で 4 時間も対策を ＿＿＿＿＿＿ し合いました。

④ 会社勤めを始めたばかりですが、新商品の企画 ＿＿＿＿＿＿ で発言の機会を頂きました。

⑤ 「田中は外出中で、16 時に ＿＿＿＿＿＿ する予定です。よろしければご伝言を承ります。」

今日のメモ…時を表す言葉

おととい・いっさくじつ 一昨日	せんせんしゅう 先々週	せんせんげつ 先々月	いっさくねん 一昨年
きのう・さくじつ 昨日	せんしゅう 先週	せんげつ 先月	さくねん・きょねん 昨年・去年
きょう・こんにち 今日	こんしゅう 今週	こんげつ 今月	ことし 今年
あした・あす・みょうにち 明日	らいしゅう 来週	らいげつ 来月	らいねん 来年
あさって・みょうごにち 明後日	さらいしゅう 再来週	さらいげつ 再来月	さらいねん 再来年

	［一般的な表現］	［改まった表現］
一昨日	おととい	いっさくじつ
昨日	きのう	さくじつ
今日	きょう	こんにち※
明日	あした　　あす	みょうにち
明後日	あさって	みょうごにち
	去年	昨年

※今日（こんにち）：「最近・近年」の意味で用いる。

去る　去る 4 日：過ぎ去った 4 日
↕
来る　来る 4 日：次に来る 4 日

話（はな）**しましょう！** 勤務時間や休憩時間、休日はどうなっていますか。（きんむじかん きゅうけいじかん きゅうじつ）

日付	区分	開始	終了	
12/1(木)	出勤	9:00	18:00	>
12/2(金)	出勤	9:00	20:00	>
12/3(土)	休日出勤	9:00	18:00	>
12/4(日)				
12/5(月)	代休			>
12/6(火)	出勤	10:00	18:00	>
12/7(水)	出勤	9:00	15:00	>

2022/12/1〜2022/12/31 ＜前月 翌月＞ 11:18

ヒント

会社／出勤／退勤／社員証（IDカード）／勤務／休憩／実働／（かいしゃ しゅっきん たいきん しゃいんしょう きんむ きゅうけい じつどう）

残業／週休二日／休日出勤／代休／遅刻／早退（ざんぎょう しゅうきゅう きゅうじつしゅっきん だいきゅう ちこく そうたい）

今日の漢字（きょう かんじ）	筆順（ひつじゅん）	訓読み（くんよみ）	音読み（おんよみ）	部首（ぶしゅ）／画数（かくすう）	◆今日の漢字を使った語◆（ご）
働	働	はたら‐く	ドウ	人 イ ／ 13	働き者（はたらもの） 共働き（ともばたら） 実働（じつどう） 実働時間（じつどうじかん） 重労働（じゅうろうどう）
勤	勤	つと‐まる つと‐める	キン ゴン	力 ／ 12	勤め（つと） 勤め先（つとさき） 会社勤め（かいしゃづと） 勤務（きんむ） 勤務先（きんむさき） 通勤（つうきん） 欠勤（けっきん） 出勤（しゅっきん） 退勤（たいきん） 転勤（てんきん）
給	給	―	キュウ	糸 ／ 13	給料（きゅうりょう） 時給（じきゅう） 日給（にっきゅう） 月給（げっきゅう） （交通費）支給（こうつうひ しきゅう） 昇給（しょうきゅう） 有給休暇（有休）（ゆうきゅうきゅうか ゆうきゅう） 🈂️ 水分補給（すいぶんほきゅう）
休	休	やす‐む やす‐まる やす‐める	キュウ	人 イ ／ 6	休む（やす） 昼休み（ひるやす） 休暇（きゅうか） 休憩（きゅうけい） 休職（きゅうしょく） 休日（きゅうじつ） 休日出勤（きゅうじつしゅっきん） 代休（だいきゅう） 週休二日（しゅうきゅうふつか） 🈂️ 夏休み（なつやす） 休校（きゅうこう） 休講（きゅうこう） 定休日（ていきゅうび） 年中無休（ねんじゅうむきゅう）
職	職	―	ショク	耳 ／ 18	職業（しょくぎょう） 職場（しょくば） 職歴（しょくれき） 職種（しょくしゅ） 就職（しゅうしょく） 就職活動（就活）（しゅうしょくかつどう しゅうかつ） 求職（きゅうしょく） 退職（たいしょく） 辞職（じしょく） 転職（てんしょく）

書（か）きましょう！

① 実際に働く時間＝ B 実□時間（じつどう）

② 勤め先（勤務先）に出かける。また勤めに出る＝ D □□する（しゅっきん）⇔退勤する（たいきん）

　　同じ会社の中で別の勤務先に変わる（転じる）＝ D 転□する（てんきん）

③ 1時間あたりの給料＝ B 時□（じきゅう）　④ 職場（仕事）を長く休む＝ D □職する（きゅうしょく）

⑤ 職業に就く＝ D 就□する（しゅうしょく）⇔退職する（たいしょく）　アルバイトなどの職を求めること

　　＝ D 求□（きゅうしょく）⇔求人（きゅうじん・しょく）　職業を変える（転じる）＝ D 転□する（てんしょく）

読（よ）みましょう！　適当な語を選んでください。

a 就活	b 出勤	c 休職	d 転職	e 転勤	f 欠勤	g 実働

① 勤め先の勤務時間は9時から17時までで、昼休み（ひる）が1時間の ＿＿＿＿＿ 7時間です。

② 彼女は給料が下がっても、やり甲斐（がい）のある職場に ＿＿＿＿＿ したいと言って辞職しました。

③ 学生が卒業後（そつぎょうご）の職場を探す（さが）ために行う（おこな）就職活動は ＿＿＿＿＿ と呼ばれて（よ）います。

④ 本社から支社への ＿＿＿＿＿ で通勤時間が長くなり、仕事帰りのジム通い（がよ）をやめました。

⑤ 社会人になった先輩（せんぱい）が、重労働（じゅうろうどう）のストレスで心の病（やまい）にかかり、＿＿＿＿＿ したそうです。

今日のメモ…アルバイトの求人広告（きゅうじん こうこく）

スタッフ急募（きゅうぼ）！

職種（しょくしゅ）▶ ホール　洗い場（あら ば）　調理補助（ちょうり ほじょ）

給与（きゅうよ）▶ 時給1500円以上

時間▶ 8:00～20:00 で1日4時間以上　シフト制（せい）

　　　曜日・日時は応相談（おうそうだん）　土日祝できる方優遇（ゆうぐう）

待遇（たいぐう）▶ 交通費支給（こうつうひ しきゅう）　制服貸与（せいふく たいよ）　食費補助（しょくひ ほじょ）　有給休暇（ゆうきゅうきゅうか）

　　　昇給あり（しょうきゅう）　正社員登用あり（せいしゃいん とうよう）　委細面談（いさいめんだん）

応募（おうぼ）▶ お電話の上、履歴書（りれきしょ）（写貼）（しゃてん）持参ください。（じさん）

カフェ○○　TEL.03-1234-5678（担当／藤井）

東京都中央区○○町1-10-2

 未経験者歓迎（みけいけんしゃ かんげい）

●求人広告や求人サイトで使われる言葉

求人＝（会社や店が）働く人を求める（しょく）

　　⇔求職＝（働きたい人が）仕事を求める（しょく）

募集（ぼしゅう）＝広く呼びかけて（つの）（募って）人を集める

　　⇔応募（おうぼ）＝（働きたい人が）募集に応じる（おうだん）

急募（きゅうぼ）＝急いで募集する　応相談（おうそうだん）＝相談に応じる

日給＝1日の給料　月給＝1か月の給料

委細面談（いさいめんだん）＝細かく詳しいことは面談の時に決定する

履歴書（りれきしょ）＝現在までの学歴や職歴を書いた書類

写貼（しゃてん）（写真貼付）（しゃしんちょうふ）＝写真を貼り付ける（は つ）

シフト制＝働く曜日や時間などを同じ職場（しょくば）のスタッフと交替（こうたい）で勤務する（きん む）働き方

 アルバイト・パート STAFF 募集中！

話しましょう！　メールの送受信をするときに使う言葉を確認しましょう。

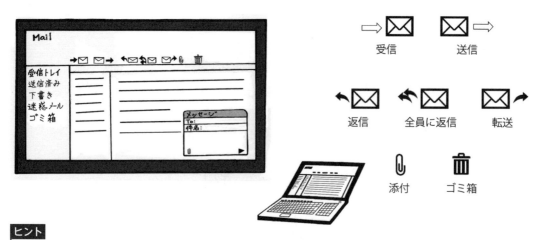

受信　送信

返信　全員に返信　転送

添付　ゴミ箱

ヒント

パソコン／画面／メール／送信／送信済み／受信／受信トレイ（受信箱）／返信／転送／入力／出力／ゴミ箱／
添付／宛先／件名／ファイル／ダウンロード／アップロード／プリンター

今日の漢字	筆順	訓読み	音読み	部首 / 画数	◆今日の漢字を使った語◆
送	送	おく-る	ソウ	辵 辶 / 9	送信　送受信　送信済み　送付　転送 ☞送り仮名　送料　送料込み　郵送　放送 運送
返	返	かえ-る かえ-す	ヘン	辵 辶 / 7	折り返し　繰り返し 返信　返事 ☞折り返し運転　返金　返却期限
信	信	―	シン	人 イ / 7	信号　通信　送信　受信　受信トレイ （受信箱）　発信　着信　自信 ☞通信料　通信販売（通販）
力	力	ちから	リョク リキ	力 / 2	入力　出力　協力　自力 ☞力試し　力士　努力　日本語能力試験 視力検査　聴力検査
消	消	き-える け-す	ショウ	水 氵 / 10	消去 ☞消しゴム　取り消し　消毒　消防署 消費期限

18

✏ 書きましょう！

① インターネット回線で情報の信号を送る＝ _D□信する⇔受信する
（そうしん）

② 返事の手紙（信）を送る／返事の電子メールを送信する＝ _D□信する
（へんしん）

③ 通信が到着する／到着した通信＝ _B着□（する）⇔発信する
（ちゃくしん）

④ パソコン（PC）にデータを入れる⇒ 入□する⇔出力する
（にゅうりょく）

⑤ データなどを消し去る＝ _B□去する
（しょうきょ）

📖 読みましょう！　適当な語を選んでください。

| a 受信 | b 送信 | c 返信 | d 発信 | e 入力 | f 出力 | g 消去 |

① 繰り返し練習して日本語のローマ字 _____ を自力でマスターし、自信がつきました。

② 出勤したら、まず _____ メールを確認して返信し、不要なメールは削除します。

③ USB に保存しておいた図表のファイルをプリンターで _____ して会議の準備をします。

④ 圧縮解凍ソフトを誤って _____ してしまい、ダウンロードし直しました。

⑤ 製品の取扱説明書と保証書がなく、問い合わせメールを送っても _____ が来ません。

今日のメモ…仕事の電話でよく使う表現

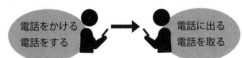

電話をかける
電話をする
→
電話に出る
電話を取る

あいにく○○は席を外しております。
よろしければご伝言を承りますが。

では、お戻りになりましたら、
折り返しお電話くださるよう
お伝えいただけますでしょうか。

折り返し：電話をかけてきた相手にすぐに電話
するというニュアンスで使う。
席を外す：席にはいないが、社内にいて数分で
戻ってくるというニュアンスで使う。
外出：社外にいて、戻るのにかなり時間がかかる
というニュアンスで使う。

承知いたしました。
戻り次第、ご連絡するよう
申し伝えます。

話（はな）**しましょう！**　駅のホームでよく使われる語（ご）です。どんな意味（いみ）ですか。

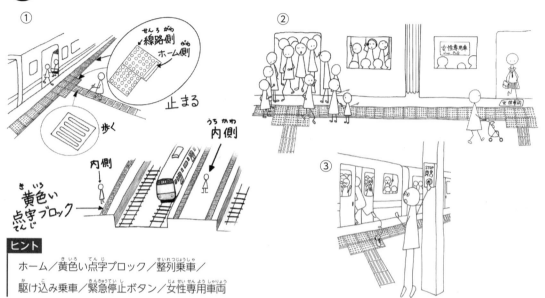

①　線路側（せんろがわ）　ホーム側（がわ）　止まる　歩く　内側（うちがわ）　内側（うちがわ）　黄色い（きいろい）点字（てんじ）ブロック

②

③

ヒント

ホーム／黄色い（きいろ）点字（てんじ）ブロック／整列乗車（せいれつじょうしゃ）／

駆け込み乗車（かけこみじょうしゃ）／緊急停止（きんきゅうていし）ボタン／女性専用車両（じょせいせんようしゃりょう）

今日の漢字（きょう）（かんじ）	筆順（ひつじゅん）	訓読み（くんよ）	音読み（おんよ）	部首（ぶしゅ）／画数（かくすう）	◆今日の漢字を使った語（ご）◆
駅	駅	―	エキ	馬	駅員（えきいん）　駅前（えきまえ）　当駅止まり（とうえきど）　最寄り駅（もよえき）
				14	各駅停車（各停）（かくえきていしゃ）（かくてい）
電	電	―	デン	雨	電車（でんしゃ）　終電（しゅうでん）
				13	☞電話（でんわ）　電気（でんき）　電波（でんぱ）　電子（でんし）レンジ　電池（でんち） 充電（じゅうでん）　停電（ていでん）
車	車	くるま	シャ	車	車両（しゃりょう）　女性専用車両（じょせいせんようしゃりょう）　車掌（しゃしょう）　車内（しゃない）　車窓（しゃそう） 列車（れっしゃ）
				7	☞車道（しゃどう）　車道寄り（しゃどうよ）　自動車（じどうしゃ）　自転車（じてんしゃ）　停車（ていしゃ） 駐車（ちゅうしゃ）　満車（まんしゃ）
乗	乗	の－る の－せる	ジョウ	ノ	乗り物（のもの）　乗り換え（のか）　乗り越し（のこ）　乗り降り（のお） 乗客（じょうきゃく）　乗車（じょうしゃ）　乗車券（じょうしゃけん）　整列乗車（せいれつじょうしゃ）　駆け込み乗車（かけこみじょうしゃ）
				9	☞乗り場（のば）　二人乗り（ふたりの）　乗馬（じょうば）　乗船（券・口）（じょうせん）（けん）（ぐち） 搭乗（券・口）（とうじょう）（けん）（ぐち）
降	降	お－りる お－ろす ふ－る	コウ	阜阝	降車（こうしゃ）
				10	☞雨降り（あめふ）　降雪（こうせつ）　以降（いこう）

書きましょう！

① 各（それぞれの）駅に停止する（止まる）電車＝_D各□停□＝_E各停

② その日の終わりの電車＝_E終□⇔始発

③ 乗り物（電車・車）に乗る＝_D□□する⇔乗り物から降りる・下りる

＝_D□□・下車する　駅で電車を下りる（改札口を出る）＝_D□□する

④ 乗り物を別のものに換えること＝_F□り換え　下車する予定の駅を越えて乗ってい

くこと＝_F□り越し　⑤ 乗り物に乗ったり降りたりすること＝_C□り□り

読みましょう！　適当な語を選んでください。

a 最寄り駅　　b 乗り降り　　c 乗り換え　　d 列車　　e 車両　　f 終電　　g 始発

① 大きい駅は、乗客の＿＿＿＿＿＿＿が多いので、整列乗車をします。

② 都会のラッシュアワーには、女性専用＿＿＿＿＿＿＿のある電車が多いです。

③ 会場へは、新宿駅で下車して、駅前から出ているバスへの＿＿＿＿＿＿＿が便利です。

④ 昨日は、＿＿＿＿＿＿＿に乗り遅れて、歩いて家に帰りました。

⑤ 私のアパートから最も近い＿＿＿＿＿＿＿は、小さい駅なので各駅停車しか止まりません。

今日のメモ…駅のアナウンス

まもなく一番ホームに電車が参ります。黄色い点字ブロックの内側に下がって、お待ちください。

ドアが閉まります（発車します）。危ない（危険）ですから、駆け込み乗車はおやめください。

この電車は当駅止まりで、この先には参りません。まもなく折り返し運転を行いますので、ご乗車になってお待ちください。

ただ今、緊急停止ボタンが押されました。安全確認のため、運転見合わせを行います。

話 しましょう！　駅の構内で使われる語を確認しましょう。　はな　こうない　かくにん

① ←南口│中央 改札│北口→

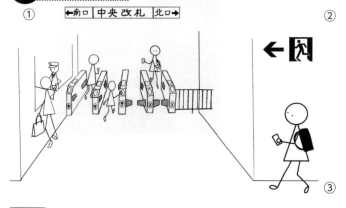

②

東京方面　平日		東京方面　土日休日
45　57	5	45　57
3　10　19　27　32　40　46　52　58	6	3　19　27　32　40　52　58
4　12　20　25　31　39　45　55	7	12　20　31　39　45　55
0　10　16　25　33　50　59	8	0　10　21　33　50
15　30　45	9	0　15　30　45
0　15　30　45	10	0　15　30　45
0　15　30　45	11	0　15　30　45
0　15　30　45	12	0　15　30　45
0　15　30　45	13	0　15　30　45
0　15　30　45	14	0　15　30　45
0　15　30　45	15	0　15　30　45
0　15　30　45	16	0　15　30　45
0　12　18　27　35　46　58	17	0　12　18　27　35　46　58
5　13　20　26　33　40　46　55	18	5　13　20　26　33　40　46　55
0　10　18　24　32　38　50　59	19	0　10　21　35　44　58
2　11　23　34　40　57	20	2　18　30　49
10　22　31　40　55	21	0　18　35　49
2　18　30　46	22	2　18　46
25　40	23	25　40
3	0	

③ 中央線　東西線　北都線　南北線

ヒント
改札口（中央口・東口・西口・南口・北口）／　かいさつぐち　ちゅうおう　ひがし　にし　みなみ　きた
自動改札／非常口／時刻表（ダイヤ）／　じどうかいさつ　ひじょうぐち　じこくひょう
路線図／駅員　ろせんず　えきいん

今日の漢字　きょう かんじ	筆順　ひつじゅん	訓読み　くんよみ	音読み　おんよみ	部首　ぶしゅ／画数　かくすう	◆今日の漢字を使った語◆　ご
線	線	―	セン	糸／15	線路　路線　路線図　〜番線＜3番線＞　せんろ　ろせん　ろせんず　ばんせん 新幹線　〜線＜在来線・ローカル線＞　しんかんせん　ざいらいせん　せん ☞路線バス　ろせん
上	上	うえ うわ かみ／あ-がる／あ-げる／のぼ-る	ジョウ ショウ	一／3	上り列車　上下線　のぼ れっしゃ　じょうげせん ☞上り坂　値上がり　値上げ　雨上がり　のぼ ざか　ねあ　ねあ　あめあ 上陸　上達　屋上　海上　北上　以上　じょうりく　じょうたつ　おくじょう　かいじょう　ほくじょう　いじょう
下	下	した しも もと／さ-がる／お-りる／くだ-る	カ ゲ	一／3	下り列車　下町　下車　地下　くだ れっしゃ　したまち　げしゃ　ちか ☞下り坂　値下がり　値下げ　下書き　くだ ざか　ねさ　ねさ　したが 下船　下校　デパ地下　下痢　げせん　げこう　ちか　げり
発	発	※た-つ	ハツ ホツ	癶／9	〜発＜10:00発・東京発＞　発車　出発　はつ　とうきょうはつ　はっしゃ　しゅっぱつ 山発点　始発駅　始発電車（始発）　さんぱつてん　しはつえき　しはつでんしゃ　しはつ ☞発信　発生　発表　発音　発言　発行　はっしん　はっせい　はっぴょう　はつおん　はつげん　はっこう 発明　発見　発熱　発作　発症　新発売　はつめい　はっけん　はつねつ　ほっさ　はっしょう　しんはつばい 発達　発声練習　はったつ　はっせいれんしゅう
着	着	つ-く／つ-ける／き-る／き-せる	チャク ジャク	羊／12	〜着＜10:00着・東京着＞　到着　ちゃく　とうきょうちゃく　とうちゃく 終着駅（終点）　しゅうちゃくえき　しゅうてん ☞着物　着用　着信　着陸　試着　きもの　ちゃくよう　ちゃくしん　ちゃくりく　しちゃく

きましょう！

① 線路や道路の交通の線＝_B路□

② （大阪発）東京行き⇒□り列車　東京発（大阪行き）⇒□り列車

　　上り列車と下り列車の路線＝_B□□□

③ 路線が始まる出発点の駅＝_B□□□⇔終着駅／終点

④ 東京駅10：00発＝東京駅を10時に出る（発つ）＝_C出□・_D□□する

⑤ 東京駅10：00着＝東京駅に10時に着く＝_C到□する

読みましょう！　適当な語を選んでください。

a 上り　　b 下り　　c 線路　　d 路線図　　e 出発　　f 到着　　g 終着駅　　h 始発駅

① ＿＿＿＿＿内は立入禁止です。何か物を落としたら、すぐに駅員に連絡してください。

② 先日、＿＿＿＿＿と時刻表（ダイヤ）を見ながら、友達と東京の下町巡りをしました。

③ 東京駅10：00発の博多行き、＿＿＿＿＿新幹線「のぞみ○○号」に乗車します。

④ 新幹線は時速320キロの速い鉄道で、東京から約2時間で大阪に＿＿＿＿＿します。

⑤ 車内で居眠りをして乗り越しをしてしまい、＿＿＿＿＿まで行ってしまいました。

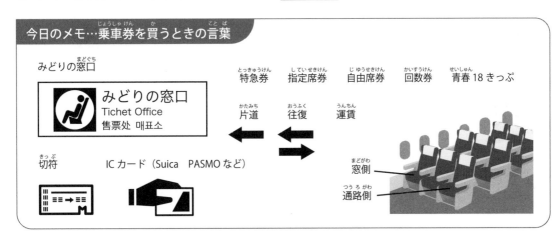

今日のメモ…乗車券を買うときの言葉

みどりの窓口
みどりの窓口
Tichet Office
售票处　매표소

特急券　指定席券　自由席券　回数券　青春18きっぷ

片道　往復　運賃

切符　ICカード（Suica　PASMOなど）

窓側

通路側

23

話しましょう！ 車両や車内の絵は何を表していますか。

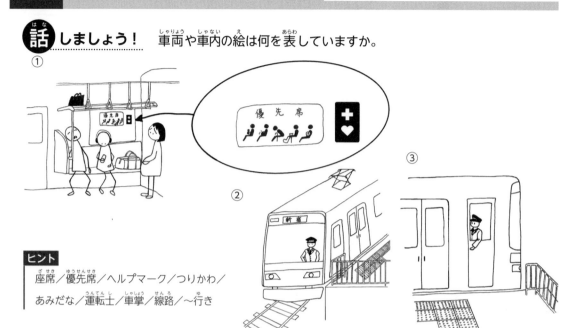

ヒント
座席／優先席／ヘルプマーク／つりかわ／
あみだな／運転士／車掌／線路／〜行き

今日の漢字	筆順	訓読み	音読み	部首 画数	◆今日の漢字を使った語◆
鉄	鉄	―	テツ	金 / 13	鉄道 鉄橋 地下鉄
通	通	とお-る とお-す かよ-う	ツウ ツ	辶 / 10	通路側 通過 通学 通勤 通院 通勤快速 普通 ★直通 ☞ 大通り 通報 通帳 通信 通信料 通信販売(通販) 通話禁止 通行止め (一方・右側・左側)通行 交通量 交通事故 合格通知書
急	急	いそ-ぐ	キュウ	心 / 9	急行 特急 準急 緊急停止ボタン ☞ 急発進 救急車 緊急地震速報
速	速	はや-い はや-まる すみ-やか	ソク	辶 / 10	速さ 速度 快速 高速バス 時速 ☞ 速達便 高速 高速道路
遅	遅	おそ-い おく-れる おく-らす	チ	辶 / 12	遅刻 遅延 遅延証明書 ☞ 手遅れ

 **書**きましょう！

① 地下を走る鉄道＝ E地◻◻（道）

② （列車が駅を）通り過ぎる＝ B◻過する　学校・勤め先・病院に通う＝ D◻学・

通勤・通院する　すべての駅に止まる一般的な列車⇒普◻（各駅停車）

③ 急いで行く列車＝ B◻行　特別に急いで行く速い列車＝特別急行＝ E特◻

④ 快適な速さの列車＝ B快◻　高速道路を走る長距離バス＝ E高◻バス

⑤ 決められた時刻に遅れる＝ D◻刻する

読みましょう！　適当な語を選んでください。

a 高速　　b 快速　　c 地下鉄　　d 通過　　e 遅刻　　f 遅延

① 在来線とは、新幹線を除いたJRや _____ などのことを言います。

② 列車は止まる駅の数や速さによって普通、_____、準急、急行、特急と呼ばれます。

③ まもなく3番線を特急列車が _____ します。ご注意ください。

④ _____ バスよりもローカル線で、鉄橋を渡り車窓の田園風景を楽しむ旅がしたいです。

⑤ 寝坊ではなく電車の遅れで遅くなったので、駅で _____ 証明書をもらって提出しました。

今日のメモ…車内のアナウンス

この電車は、通勤快速です。次の駅には止まりません。
お乗り間違いのないように、ご注意ください。

優先席を必要とされている
お客様に席をお譲りください。
皆様のご協力を
お願いいたします。

人身事故の影響でただ今、
ダイヤが乱れております。
ご迷惑をおかけして
申し訳ございません。

車両点検のため、しばらく停車します。
お急ぎの方は、地下鉄への振替輸送をご利用ください。

話しましょう！   どんな道ですか。

①   ②   ③   ④

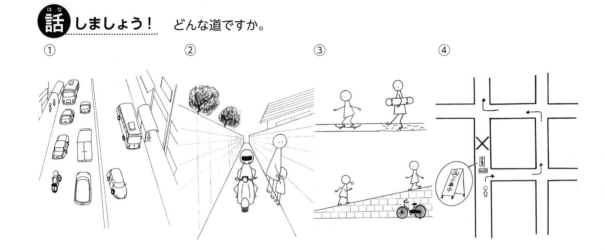

ヒント

広い・狭い／混んでいる・空いている／平ら・でこぼこ／近道・遠回り／坂道（上り坂・下り坂）

今日の漢字	筆順	訓読み	音読み	部首 / 画数	◆今日の漢字を使った語◆
道	道	みち	ドウ / トウ	辶 / 12	道の駅　道順　坂道　近道 道路　高速道路　車道　車道寄り　国道 ☞片道　道具　報道　茶道（茶道）　書道 武道　都道府県
路	路	じ	ロ	足 / 13	路上　路上駐車　路面　路地　路線バス （十・Y・T）字路　通路 ☞路線図　空路　海路　陸路　線路
交	交	まじ-わる まじ-える ま-ざる ま-ぜる か-う か-わす	コウ	亠 / 6	交通　交通の便　交通量　交通事故 交差点　交番　交替 ☞交通費　交通機関　交付申請　再交付 交流
歩	歩	ある-く あゆ-む	ホ ブ フ	止 / 8	歩き（★タバコ・スマホ） 歩道　歩道橋　歩行者（専用・優先・天 国）　遊歩道　徒歩　散歩
走	走	はし-る	ソウ	走 / 7	走行　走行中　逆走 ☞逃走

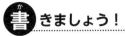

書きましょう！

① 車が通る道 = ₈ ☐☐　　時速100キロの高速で走れる自動車専用の国道 = ₈ ☐

☐☐（路）　② 道路の上 = ₈ ☐☐　　道路の表面 = ₈ ☐☐

③ 巡査（お巡りさん）が交替して24時間番をする（注意して見張る）ところ = ₈ ☐☐

道が交わるところ（点）⇒ ☐差点

④ 人が歩く道 = ₈ ☐☐　　楽しみながらぶらぶら歩く道 = ₈ 遊☐☐

⑤ 車を走らせて行く最中 ⇒ ☐行☐　　進行方向と逆に走る = ₈ 逆☐する

読みましょう！　適当な語を選んでください。

a 路面　　b 路上　　c 道路　　d 歩道　　e 交番　　f 道の駅　　g 走行　　h 徒歩

① ＿＿＿＿ では、その土地でしか買えないめずらしい物が売っています。

② 大通りの歩行者天国で、＿＿＿＿ ライブをやっているよ。散歩のついでに行ってみよう。

③ 私のアパートは、駅から ＿＿＿＿ 5分です。交通の便がとてもいいです。

④ 自転車は車のなかまですから、＿＿＿＿ ではなく、車道の左側を走行してください。

⑤ ＿＿＿＿ 中の電話が原因の交通事故や、歩きスマホによる転倒が増えています。

今日のメモ…道の呼び方

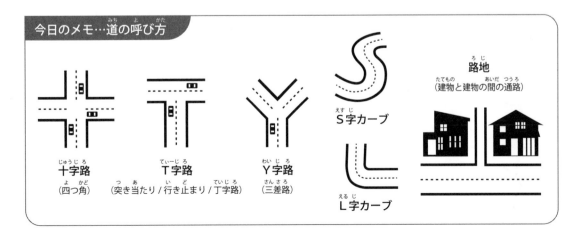

27

話しましょう！　　道を戻らないで、迷路の出口に行くにはどこを通りますか。

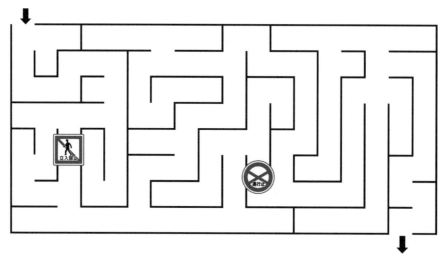

ヒント
立入禁止／通行止め／行き止まり

今日の漢字	筆順	訓読み	音読み	部首 画数	◆今日の漢字を使った語◆
横	横	よこ	オウ	木	横道　横向き
				15	横断　横断歩道　横転 ☞横断幕
進	進	すす－む すす－める	シン	辵辶	進入禁止　進行方向　直進　急発進
				11	☞進学　進路　前進
停	停	—	テイ	人イ	停止　停留所（バス停）　停車
				11	☞停電　各駅停車（各停）　緊急停止ボタン
止	止	と－まる と－める ※や－む ※や－める	シ	止	通行止め 立入禁止
				4	☞当駅止まり　痛み止め　止血　防止 通話禁止
迷	迷	まよ－う	メイ	辵辶	迷子　迷路　迷惑
				9	☞迷走

書 きましょう！

① 大きな道から横にそれた小さな道＝ B 〔横〕〔道〕（よこみち）　道を横切る／横方向に断つ＝ B 〔横〕断（おうだん）する

② 真っ直ぐ前に進む＝ B 直〔進〕（ちょくしん）する　急に発車して進む＝ B 〔急〕〔発〕〔進〕（きゅうはっしん）する

③ 人が乗ったままで自動車などを一時、停止させる＝ D 〔停〕〔車〕（ていしゃ）する⇔発車する

④ 人が中に入るのを禁じて止めること＝ D(f + b) 立入禁〔止〕（たちいりきんし）

　車が進んで来て中に入るのを禁じて止めること＝ D(b + b) 〔進〕〔入〕禁〔止〕（しんにゅうきんし）

⑤ 道に迷った子ども＝ B 〔迷〕〔子〕（まいご）

読 みましょう！　適当な語を選んでください。

| a 発車　b 停車　c 横断歩道　d 迷子　e 通行止め　f 駐車禁止　g 急発進 |

① 交通量の激しい道路には、白い線で示された歩行者優先の ＿＿＿＿＿＿ があります。

② アクセルとブレーキの踏み間違いで、車が駐車場で ＿＿＿＿＿＿ する事故が起きました。

③ タクシー乗り場は長い列です。停留所に ＿＿＿＿＿＿ している路線バスに乗りましょう。

④ 進行方向の先は工事中で ＿＿＿＿＿＿ のようです。歩道橋を使って向こう側に渡りましょう。

⑤ 初めて来た場所で ＿＿＿＿＿＿ になり、約束の時間に遅れて迷惑をかけてしまいました。

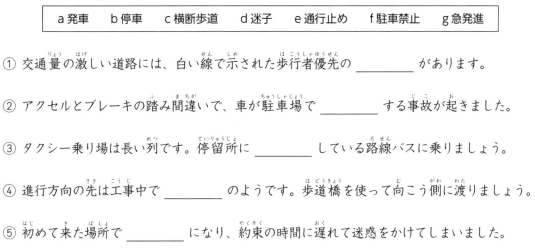

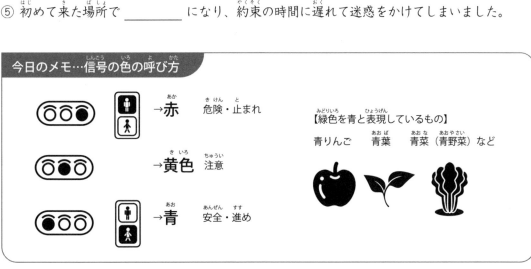

今日のメモ…信号の色の呼び方

→赤　危険・止まれ

→黄色　注意

→青　安全・進め

【緑色を青と表現しているもの】

青りんご　青葉　青菜（青野菜）など

29

話しましょう！　「道の駅」までの道順を、車・自転車・歩きの３つの方法で考えましょう。

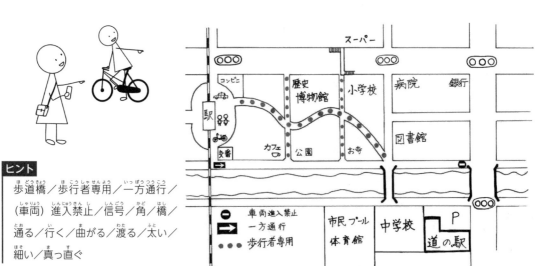

ヒント

歩道橋／歩行者専用／一方通行／
(車両) 進入禁止／信号／角／橋／
通る／行く／曲がる／渡る／太い／
細い／真っ直ぐ

今日の漢字	筆順	訓読み	音読み	部首 / 画数	◆今日の漢字を使った語◆
運	運	はこ-ぶ	ウン	辶	運転　飲酒(酔っ払い)運転　運転手 / 運行　運送
				12	☞運転見合わせ　折り返し運転　運転士 / 運賃　運動　運航
行	行	い-く / ゆ-く / おこな-う	コウ / ギョウ / アン	彳	行き止まり　直行便　通行　一方通行 / ☞〜行き　行く手　行楽地　行事　行政機関
				6	銀行　旅行　流行　犯行　飛行(機・場)
転	転	ころ-がる / ころ-げる / ころ-がす / ころ-ぶ	テン	車	転倒　転回禁止　回転　移転　自転車 / ☞転出届　転勤　転職　転送　好転
				11	
動	動	うご-く / うご-かす	ドウ	力	自動車　自動車専用　出動 / ☞動物園　動植物　自動改札　自動販売機
				11	(自販機)　変動　振動(バイブレーション)
駐	駐	—	チュウ	馬	駐車　駐車場　駐車禁止(駐禁)　駐輪 / 駐輪お断り　駐在所
				15	

30

書 きましょう！

① 荷物を運んで送る＝B□□する　人を運んで決まった道を行く＝B□□する

② 通って行く＝B□□する　直接、目的地に行く便＝B□□便

③ 横向きに転がる＝B□□する　回って転がる＝B□□する　別の場所に移す・

移る＝C 移□する　④ 出て行って活動する＝B□□する

⑤ 自動車・自転車を、次に使うまで決められた場所に一定の時間とめておく＝D□□・

□輪する

読 みましょう！　適当な語を選んでください。

| a 回転 | b 横転 | c 運送 | d 運行 | e 一方通行 | f 出動 | g 路上駐車 |

① この道路は _____ で、反対方向にUターンはできません。転回禁止です。

② 台風の影響で、一日中、バスの _____ が止まってしまいました。

③ 運転手が坂道でスピードを出し過ぎたため、トラックが _____ してしまいました。

④ 飲酒運転が原因の追突事故が起き、パトカーや救急車が _____ しています。

⑤ 駐車場が満車で _____ をしたら駐在所の巡査に「ここは駐禁だ！」と注意されました。

今日のメモ…自転車に乗るときの注意

車道の左側を走る

＊歩道は歩行者優先で
　車道寄りをゆっくり走る

＊夜はライトをつけて走る

＊ヘルメットをかぶる

＊飲酒運転・二人乗り・
　並んで走ることは禁止

＊駐輪お断り

＊スクールゾーンでの
　子どもの飛び出し注意

スクールゾーン

話しましょう！ 何をどこで買いますか。

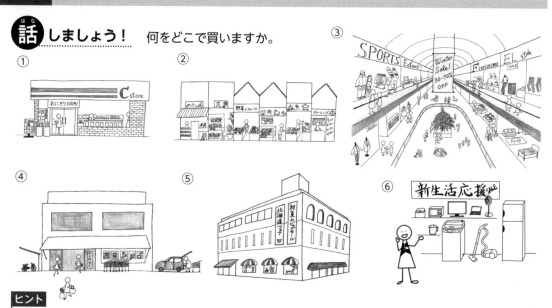

① ② ③ ④ ⑤ ⑥

今日の漢字	筆順	訓読み	音読み	部首 / 画数	◆今日の漢字を使った語◆
店	店	みせ	テン	广 / 8	店先 店長　店主　店員　店内　飲食店　〜店 <喫茶店・ラーメン店> ☞本店　支店
開	開	あ-く あ-ける ひら-ける ひら-く	カイ	門 / 12	開け閉め 開閉　開店　開業 ☞開始　開館　開会式　開発　公開
閉	閉	し-まる し-める と-じる と-ざす	ヘイ	門 / 11	閉店 ☞閉館　閉会式
商	商	あきな-う	ショウ	口亠 / 11	商い　商店　商店街　商売　商品 大型商業施設 ☞商学部
品	品	しな	ヒン	口 / 9	品物　品切れ　品揃え 新品　返品　食料品　不用品 ☞製品　作品　備品　日用品　中古品 展示品　冷凍食品

書 きましょう！

① 店の先（前）＝ B ☐ 先　② 開けたり閉めたり／開いたり閉じたりする＝ C ☐ け ☐ め・

☐ ☐ する　営業するために店を開ける／新しく店を開く＝ D ☐ 店 する

③ 店を閉める／店を閉じる（やめる）＝ D ☐ 店 する

④ 売り買い（商い）のための品物＝ B ☐ 品　商品を売る店＝ B ☐ ☐

⑤ 品物が売り切れてなくなること＝ A ☐ 切れ

新しい品物や製品＝ B ☐ ☐ ⇔中古品　買った品物を返す＝ D 返 ☐ する

読 みましょう！　適当な語を選んでください。

| a 開店 | b 閉店 | c 日用品 | d 新品 | e 商店街 | f 開閉 | g 返品 |

① ＿＿＿＿＿＿前、野菜や果物を商う八百屋の店主が、店先に商品を並べています。

② 家電量販店で買った新発売の時計が壊れていたので ＿＿＿＿＿＿ しました。

③ 近くに大型スーパーが開業し、昔からある ＿＿＿＿＿＿ は買い物客が減ってしまいました。

④ ＿＿＿＿＿＿ する直前のスーパーの店内では、ほとんどの食料品が品切れでした。

⑤ 売り場への出入口のドアは、特に ＿＿＿＿＿＿ に注意するよう店長に言われました。

今日のメモ…いろいろな支払い方

[何で]

● 現金

● キャッシュレス

・カード決済　一回払い・分割払い

・キャリア決済
（携帯電話の通信料と一緒に払う）

・スマホ決済
（スマホアプリの QR コードやバーコードなどで払う）

[いつ]

● 代金引換（品物を受け取るときにお金を払う）

● 前払い（先にお金を払って、後で品物を受け取る）

● 後払い（品物を受け取った後にお金を払う）

[どこで]

● 銀行振込

● コンビニ払い

33

話（はな）しましょう！ お店でよく見る語の意味（いみ）を知っていますか。

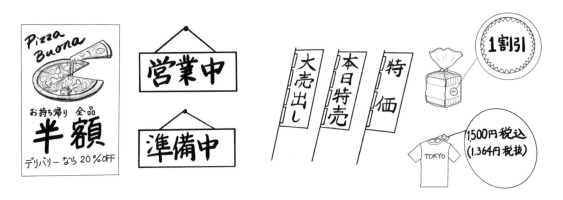

ヒント

営業中（えいぎょうちゅう）／準備中（じゅんびちゅう）／広告（こうこく）／チラシ／セール／割引（わりびき）／レジ／安売り（やすうり）／特価（とっか）／特売（とくばい）／大売出し（おおうりだし）／税込み（ぜいこみ）／税抜き（ぜいぬき）／値札（ねふだ）／
値上げ（ねあげ）／値下げ（ねさげ）／半額（はんがく）／レジ袋（ぶくろ）

今日の漢字（きょう かんじ）	筆順（ひつじゅん）	訓読み（くんよみ）	音読み（おんよみ）	部首（ぶしゅ）／画数（かくすう）	◆今日の漢字を使った語（ご）◆
買	買	か‐う	バイ	貝 / 12	買い物（か もの） 買い取り（か と） 買い置き（か お） ☞買い出し（か だ）
売	売	う‐る う‐れる	バイ	士 儿 / 7	売り場（う ば） 売り切れ（う き） 売り出し（う だ） 売り買い（う か） 安売り（やすう） 前売り（まえう） 売店（ばいてん） 売買（ばいばい） 販売（はんばい） 自動販売機（じどうはんばい き） （自販機（じはんき）） 通信販売（つうしんはんばい）（通販（つうはん）） 特売（とくばい） 新発売（しんはつばい） 非売品（ひばいひん）
値	値	ね あたい	チ	人 イ / 10	値段（ねだん） 値引き（ねびき） 値札（ねふだ） 値上げ（ねあげ） 値下げ（ねさげ） 値上がり（ねあ） 値下がり（ねさ） 半値（はんね） ☞価値（かち）
客	客	―	キャク カク	宀 / 9	お客（様）（きゃく さま） 買い物客（か ものきゃく） 接客（業）（せっきゃく ぎょう） ☞客観（的）（きゃっかん てき） 来客（らいきゃく） 観客席（かんきゃくせき） 乗客（じょうきゃく）
袋	袋	ふくろ	タイ	衣 / 11	★〜袋＜紙袋・ビニール袋・手さげ袋・（ふくろ かみぶくろ ぶくろ てさ ぶくろ） レジ袋＞（ぶくろ） 手袋（てぶくろ） 福袋（ふくぶくろ）

書きましょう！

① 物を買うこと・買った物＝ _B□い□（か・もの）

② 商売として品物を売る＝ _C販□する　売ったり買ったりする＝ _C□り□い・（はんばい）（う・か）
□□する　一定期間の商品の安売り＝ _F□り出し（ばいばい）（う・だ）

③ 半分の値段＝ _B半□（5割引き／50％の値引き）　値段が上がる／値段を上げる＝（はん・ね）（わりびき）（ねびき）（ねだん・あ）
_A□□がり・ _D□□げ⇔値下がり・値下げ（ね・あ）（ね・あ）（ねさ）（ねさ）

④ 客に接する(仕事)＝ _D接□（業）　⑤ 幸福を持ってくる袋＝ _B福□（きゃく・せっ・しごと）（せっきゃく）（ぎょう）（こうふく）（ふくぶくろ）

読みましょう！　適当な語を選んでください。

a 値上がり　　b 安売り　　c 買い取り　　d 売り切れ　　e 接客　　f 販売　　g 値上げ

① こちらの手袋は展示用の非売品ですので、_____ しておりません。

② 売り出しの日、お客様に人気の福袋は開店して１０分で _____ になってしまいました。

③ 不要品 _____ の店や、中古品を売り買いするフリマアプリをよく利用しています。

④ 雨の日が続くと、野菜が _____ するので、日持ちするものは、買い置きしています。

⑤ この店は、品揃えもいいし、店員の _____ もいいので、私のお気に入りです。

今日のメモ…割引について

6÷3＝2

「割る」は、分けること、
「6÷3＝2」の読み方は、
「6割る3は2」です。

10割→100%
1割→10%

1割、2割…は全体を10で
割ったものがいくつあるか。
10割は100%、
つまり1割は10%。

3割引→30%OFF

店で表示されている「3割引」は
30％を引くこと、
つまり30％OFFの意味です。

「学割」は「学生割引」のことで、
交通機関や映画館などを安く利用できます。
また、映画や展覧会の前売り券は、
当日券より何割か安くなっています。

話しましょう！　は な　下の飲食店に行ったことがありますか。どんなところですか。いんしょくてん

ヒント

レストラン／料亭／居酒屋／定食屋／カフェ（喫茶店）／ラーメン店／食堂／ファストフード／フードコート／屋台／りょうてい　いざかや　ていしょくや　きっさてん　てん　しょくどう　やたい
立ち食いそば／デパ地下　た ぐ　ちか

今日の漢字 きょう かんじ	筆順 ひつじゅん	訓読み くんよ	音読み おんよ	部首 ぶしゅ　画数 かくすう	◆今日の漢字を使った語◆ ご
注	注	そそ‐ぐ	チュウ	水 氵	注文 注意 ちゅうもん ちゅうい
				8	☞注射 注目 注意報 ちゅうしゃ ちゅうもく ちゅういほう
味	味	あじ　あじ‐わう	ミ	口	味見 薄味 ★〜味＜塩味＞ あじみ うすあじ あじ しおあじ
				8	興味 ★意味 きょうみ いみ　☞味方 調味料 趣味 賞味期限 みかた ちょうみりょう しゅみ しょうみきげん
計	計	はか‐る　はか‐らう	ケイ	言	計算 合計 時計 けいさん ごうけい とけい
				9	☞計画 会計 会計士 けいかく かいけい かいけいし
定	定	さだ‐まる　さだ‐める　さだ‐か	テイ　ジョウ	宀	定食屋 日替わり定食 定価 定休日 ていしょくや ひが ていしょく ていか ていきゅうび　限定 一定 げんてい いってい
				8	☞定期（券・便・試験） 定住者 定規 てい けん びん しけん ていじゅうしゃ じょうぎ　決定 測定 予定 未定 所定 けってい そくてい よてい みてい しょてい　特定技能 指定席券 とくていぎのう していせきけん
待	待	ま‐つ	タイ	彳	待ち時間 待ち合わせ ま じかん ま あ
				9	☞待合室 待遇 招待券 期待 まちあいしつ たいぐう しょうたいけん きたい

書 きましょう！

① 品物の取り寄せや配達をたのむ ⇒ □ 文する 〔ちゅうもん〕

② 味の具合を見る（調べる）＝ D □ 見する　　味（の程度）が薄い＝ B 薄 □ 〔あじみ／うすあじ〕

③ 計算した数を合わせる＝ D 合 □ する 〔ごうけい〕

④ いつも定まって（決まって）いる休日・価格＝ B □ □ 日・□ 価 〔ていきゅうび・ていか〕

　　一つまたはある範囲に限って決める（定める）＝ B 一 □ ・限 □ する 〔いってい・げんてい〕

⑤ 時間や場所を合わせて（決めておいて）待つこと＝ F □ ち合わせ 〔まちあわせ〕

読 みましょう！　適当な語を選んでください。

a 味見　　b 限定　　c 計算　　d 塩味　　e 合計　　f 定休日　　g 薄味

① お気に入りのカフェは、_____ もなく年中無休で、待ち合わせには便利です。

② 定価の２割引のお弁当に、サラダとお茶を買って _____ 700円でした。

③ 前から興味のあった屋台に並んで、１日20食 _____ のカレーを食べてみました。

④ この店の新しいメニューは、試食や試飲コーナーで _____ をしてから注文できます。

⑤ 日替わり定食が人気の店は、待ち時間もないし、料理も _____ で健康にいいです。

今日のメモ…味と食感を表す言葉

味

甘い　しょっぱい　塩辛い　辛い
すっぱい　あまずっぱい　苦い
こってり　さっぱり　濃い　薄い

食感
歯ごたえ

サクサク　カリカリ
ふんわり　ふっくら　ふわふわ
とろとろ　ねばねば　もちもち

話 しましょう！　どうしましたか。病院のどの科に行きますか。
はな　　　　　　　　　　　　　　　　　　　　　　　　　　か

① 　② 　③ 　④ 　⑤

⑥ 　⑦ 　⑧ 　⑨ 　⑩ 　⑪

ヒント

内科／外科／整形外科／皮膚科／耳鼻咽喉科／眼科／けが人／病人／風邪／下痢／食中毒／虫刺され／花粉症／食物
ないか　げか　せいけいげか　ひふか　じびいんこうか　がんか　　　　　びょうにん　かぜ　げり　しょくちゅうどく　むしさ　　かふんしょう　しょくもつ
アレルギー／鼻血／骨折
はなぢ　こっせつ

今日の漢字 きょう かんじ	筆順 ひつじゅん	訓読み くんよ	音読み おんよ	部首 ぶしゅ / 画数 かくすう	◆今日の漢字を使った語◆ ご
病	病	やまい や-む	ビョウ ヘイ	疒	病院 病気 病人 病室 病弱 急病 びょういん びょうき びょうにん びょうしつ びょうじゃく きゅうびょう 持病 じびょう
				10	☞心の病 伝染病 こころ やまい でんせんびょう
気	気	―	キ ケ	气	寒気 吐き気 ★気分 ★気持ち さむけ はきけ きぶん きも
				6	☞お気に入り 気合 気象 気候 気圧 きい き き き き 天気 空気 換気扇 湿気 てんき くうき かんきせん しっけ
悪	悪	わる-い	アク オ	心	悪酔い 悪口 意地悪 わるよ わるくち いじわる 悪性 悪寒 悪化 あくせい おかん あっか
				11	
医	医	―	イ	匚	医師 医院 医療機関 医者 歯医者 いし いいん いりょうきかん いしゃ はいしゃ 内科医 外科医 かかりつけ医 ないかい げかい
				7	☞医療費 医学部 いりょうひ いがくぶ
血	血	ち	ケツ	血	鼻血 はなぢ 血液 血圧 高血圧 貧血 出血 止血 けつえき けつあつ こうけつあつ ひんけつ しゅっけつ しけつ 採血 さいけつ
				6	

38

書 きましょう！

① 体が弱くて病気にかかりやすい＝ C ☐弱（びょうじゃく）　急な病気＝ B ☐☐（きゅうびょう）

② 熱が出る（発熱する）ときに感じる寒さ⇒寒☐・悪寒（さむけ・おかん）

③ 状態が悪くなる⇒ E ☐化（あっか）する⇔好転する　悪い性質＝ B ☐性（あくせい）⇔良性

④ 内科・外科の医師＝ E ☐☐☐（師）（ないかい）・☐☐☐（師）（げかい）　かかりつけ（いつも診察や治療を受けている）の医者（医師または医院）＝ E かかりつけ☐（師・院）（い）

⑤ 血を出す・血が出る＝ D ☐☐する（しゅっけつ）　血を止める＝ D ☐☐する（しけつ）

読 みましょう！　適当な語を選んでください。

| a 外科医　　b 内科医　　c 止血　　d 歯医者　　e 急病　　f 悪化　　g 寒気 |

① 発作を起こした ＿＿＿＿＿ の患者が救急車で病院に運ばれて行きました。

② 子どもがけがをして、出血が止まらないので、病院で ＿＿＿＿＿ してもらいました。

③ 歯が痛くなり ＿＿＿＿＿ に行ったら、虫歯による炎症と言われ、通院しなければなりません。

④ 39度の高熱で ＿＿＿＿＿ と吐き気があります。ウイルスによる感染症のようです。

⑤ 手術が必要な病気・けがは ＿＿＿＿＿ に、風邪や食中毒は内科医に診てもらいます。

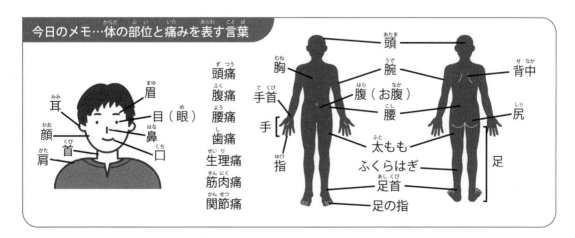

今日のメモ…体の部位と痛みを表す言葉

頭痛（ずつう）　腹痛（ふくつう）　腰痛（ようつう）　歯痛（しつう）　生理痛（せいり）　筋肉痛（きんにく）　関節痛（かんせつ）

耳（みみ）　眉（まゆ）　顔（かお）　首（くび）　目（眼）（め）　鼻（はな）　口（くち）　肩（かた）

頭（あたま）　胸（むね）　腕（うで）　手首（てくび）　手〔　指（ゆび）　腹（お腹）（はら）　腰（こし）　太もも（ふと）　ふくらはぎ　足首（あしくび）　足の指

背中（せなか）　尻（しり）　足（あし）

話 しましょう！ 病院の中の様子です。どこで何をしますか。
はな 　　　　　　　　　　よう す

① ② ③ ④

ヒント

外来受付（初診・再診・健康保険証・問診票・診察券）／待合室／診察室／処置室（採血・注射・手当て・消毒・湿
がいらいうけつけ　しょしん　さいしん　けんこうほけんしょう　もんしんひょう　しんさつけん　　まちあいしつ　しんさつしつ　しょちしつ　さいけつ　ちゅうしゃ　てあて　しょうどく　しっ
布）／手術室／病室／薬局（処方箋・お薬手帳）／会計
ぷ　　しゅじゅつしつ　びょうしつ　やっきょく　しょほうせん　くすりてちょう　かいけい

今日の漢字 きょう かんじ	筆 順 ひつじゅん	訓読み くん よ	音読み おん よ	部首 ぶ しゅ / 画数 かくすう	◆今日の漢字を使った語◆ ご
体	体	からだ	タイ テイ	人 イ	からだ 体つき たいじゅう たいおん たいりょく たいちょう たいかく 体重　体温　体力　体調　体格
				7	
重	重	え おも‐い かさ‐なる かさ‐ねる	ジュウ チョウ	里	じゅうびょう じゅうしょう じゅうたい じゅうたい じゅう ど じゅうしょう 重病　重傷　重体　重態　重度　重症 おも 🖙重さ
				9	
軽	軽	かる‐い かろ‐やか	ケイ	車	けいしょう けい ど けいしょう 軽傷　軽度　軽症 けいしょく けいおんがく けいりょうか 🖙軽食　軽音楽　軽量化
				12	
痛	痛	いた‐い いた‐む いた‐める	ツウ	疒	いた いた ど 痛み　痛み止め ちんつうざい ず つう ふくつう ようつう し つう 鎮痛剤　頭痛　腹痛　腰痛　歯痛 せい り つう きんにくつう かんせつつう 生理痛　筋肉痛　関節痛
				12	
薬	薬	くすり	ヤク	艹	い ぐすり かぜ ぐすり め ぐすり 胃薬　風邪薬　目薬 くすり 〜薬<うがい薬　飲み薬　塗り薬　貼り薬> やっきょく やく ず つうやく い ちょうやく じょう び やく 薬局　〜薬<頭痛薬　胃腸薬　常備薬>
				16	

40

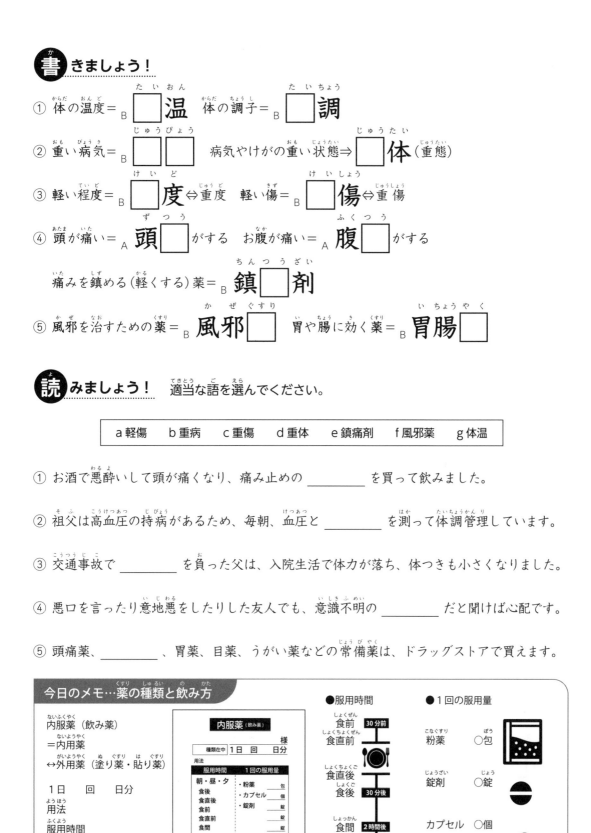

書 きましょう！

① 体の温度＝ B □温　体の調子＝ B □調

② 重い病気＝ B □□　　病気やけがの重い状態⇒ □体（重態）

③ 軽い程度＝ B □度⇔重度　軽い傷＝ B □傷⇔重傷

④ 頭が痛い＝ A 頭□ がする　お腹が痛い＝ A 腹□ がする

　痛みを鎮める（軽くする）薬＝ B 鎮□剤

⑤ 風邪を治すための薬＝ B 風邪□　胃や腸に効く薬＝ B 胃腸□

読 みましょう！　適当な語を選んでください。

| a 軽傷　b 重病　c 重傷　d 重体　e 鎮痛剤　f 風邪薬　g 体温 |

① お酒で悪酔いして頭が痛くなり、痛み止めの ＿＿＿＿ を買って飲みました。

② 祖父は高血圧の持病があるため、毎朝、血圧と ＿＿＿＿ を測って体調管理しています。

③ 交通事故で ＿＿＿＿ を負った父は、入院生活で体力が落ち、体つきも小さくなりました。

④ 悪口を言ったり意地悪をしたりした友人でも、意識不明の ＿＿＿＿ だと聞けば心配です。

⑤ 頭痛薬、＿＿＿＿ 、胃薬、目薬、うがい薬などの常備薬は、ドラッグストアで買えます。

今日のメモ…薬の種類と飲み方

内服薬（飲み薬）
＝内用薬
↔外用薬（塗り薬・貼り薬）

1日　回　日分
用法
服用時間
朝・昼・夕
寝る前

| 内服薬 （飲み薬） |
| 様 |
| 種類在中 | 1日 回 日分 |
| 用法 |

服用時間	1回の服用量
朝・昼・夕	
食後	・粉薬　　包
食直後	・カプセル　個
食前	・錠剤　　錠
食直前	錠
食間	錠
寝る前	

年　月　日
薬剤師
○○医院

●服用時間

食前 30分前
食直前

食直後
食後 30分後

食間 2時間後

●1回の服用量

粉薬　○包

錠剤　○錠

カプセル　○個

 しましょう！ 病気やけがの予防や備えをしていますか。

① 　② 　③

ヒント

生活習慣（運動・食事・睡眠）／ストレス解消／健康診断（健診）／予防接種／ワクチン／マスク／手洗い／うがい／水分補給

今日の漢字	筆順	訓読み	音読み	部首 / 画数	◆今日の漢字を使った語◆
保	保	たも-つ	ホ	人 イ / 9	保温　保湿　保険　健康保険証　保健所 ☞保存　保育園　保証書　身元保証人 保険料　保安検査
防	防	ふせ-ぐ	ボウ	阜 阝 / 7	防止　予防　予防接種 ☞消防署
熱	熱	あつ-い	ネツ	灬 / 15	熱中症　熱帯夜 発熱　解熱　解熱剤　平熱　高熱 ☞熱帯低気圧　光熱費
症	症	―	ショウ	疒 / 10	症状 発症　炎症 〜症＜感染症・花粉症＞
診	診	み-る	シン	言 / 12	診察　診察券　診察室　診断　受診 初診　再診　健康診断（健診）　問診票 ☞初診料

書 きましょう！

① 温度・湿度を保つ（同じ状態を続ける）＝ D 保□・保湿する

② 予め（前もって）防ぐ＝ B 予□する　危険などを防いで止める＝ B □止する

③ 平常（いつも）の熱＝ B 平□　熱を発する（出す）＝ D 発□する⇔解熱する

熱を下げる（下⇒解）薬＝ B 解□剤

④ 病気の重い症状＝ B □症⇔軽症

⑤ 医師の診察を受ける＝ D □診する

読 みましょう！　適当な語を選んでください。

| a 解熱剤 | b 健康保険 | c 健康診断 | d 平熱 | e 熱中症 | f 予防 | g 防止 | h 重症 |

① 高熱が出て体がふらふらしていましたが、＿＿＿＿＿＿＿＿を飲んだら楽になりました。

② 休暇を取って近所の医療機関で受けた＿＿＿＿＿＿＿＿で、軽度の貧血だと診断されました。

③ 熱帯夜が続くと夜間にも＿＿＿＿＿＿＿＿を発症するそうです。常に水分補給を心がけましょう。

④ 保健所が感染症の＿＿＿＿＿＿＿＿に手洗い・うがい・消毒・マスク着用を呼びかけています。

⑤ 症状が＿＿＿＿＿＿＿＿化して手遅れにならないよう、軽症でも早めに医師の診察を受けましょう。

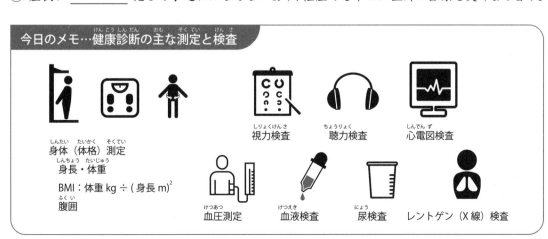

今日のメモ…健康診断の主な測定と検査

身体（体格）測定
身長・体重
BMI：体重 kg ÷（身長 m）²
腹囲

視力検査　聴力検査　心電図検査

血圧測定　血液検査　尿検査　レントゲン（X線）検査

話しましょう！ お金の種類や呼び方を確認しましょう。

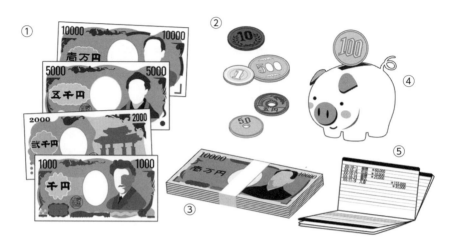

ヒント

コイン／硬貨／一円玉／五円玉／十円玉／五十円玉／百円玉／五百円玉／お札／札束／紙幣／千円札／二千円札／
五千円札／一万円札／預金通帳／貯金箱

今日の漢字	筆順	訓読み	音読み	部首 / 画数	◆今日の漢字を使った語◆
座	座	すわ-る	ザ	广 / 10	口座　口座番号　口座開設　口座振替 銀行口座 ☞座席
預	預	あず-かる あず-ける	ヨ	頁 / 13	預金　預金（口座・通帳）　預金残高 ☞手荷物預かり所
金	金	かね かな	キン コン	金 / 8	お金　金持ち （お取り引き・お引き出し）金額　金利 現金　入金　送金　返金　借金
貯	貯	※た-まる ※た-める	チョ	貝 / 12	貯金　貯金箱　貯蓄
替	替	か-わる か-える	タイ	日 / 12	立て替え　両替　為替レート ☞日替わり定食　振替輸送　吹き替え　交替

書きましょう！

① 銀行口座を開く＝ D(e + b) □□開設

② 銀行にお金を預ける＝ D □金する ⇔ お金を下ろす／引き出す

③ 現実に手元にあるお金＝ B 現□　　お金をたくさん持っている人＝ D □持ち

④ お金を貯める＝ D □金する

⑤ 別の種類のお金に取り替える⇒ 両□する　自分の口座から受取人の口座番号に料金

が自動的に送金（引き落とし）される⇒ □□振□

読みましょう！　適当な語を選んでください。

| a 預金口座　b 口座開設　c 預金残高　d 為替　e 借金　f 送金　g 両替 |

① 海外旅行で円をドルに _____ したら、為替レートが低く不利な取り引きになりました。

② 外国人の _____ の申し込みには、在留カードやパスポート、住民票が必要です。

③ 兄が立て替えてくれた入学金を返すため、アルバイト代を貯めて国に _____ しました。

④ 賃貸アパートの家賃引き落としのため、前日までに _____ を確認し入金しておきます。

⑤ 銀行の本店に行くよりも、自宅近くの支店で _____ を開いたほうが便利でお勧めです。

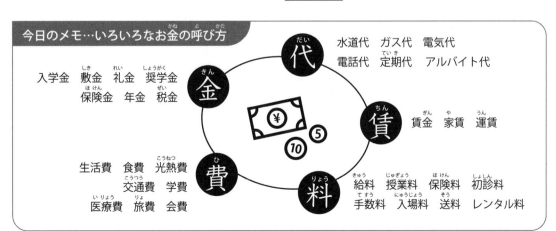

今日のメモ…いろいろなお金の呼び方

代　水道代　ガス代　電気代　電話代　定期代　アルバイト代

金　入学金　敷金　礼金　奨学金　保険金　年金　税金

賃　賃金　家賃　運賃

費　生活費　食費　光熱費　交通費　学費　医療費　旅費　会費

料　給料　授業料　保険料　初診料　手数料　入場料　送料　レンタル料

45

今日の漢字〜 払・込・残・登・利

話しましょう！　銀行の窓口とATMの利用方法を確認しましょう。

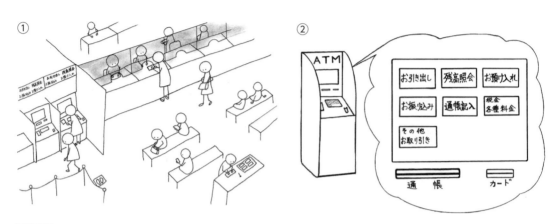

① ②

ヒント

口座開設／印鑑登録／キャッシュカード／暗証番号／お引き出し／お預け入れ／残高照会／お振り込み／通帳記入／
お取引金額／ATM利用手数料／入金／送金

今日の漢字	筆順	訓読み	音読み	部首 / 画数	◆今日の漢字を使った語◆
払	払	はら-う	フツ	手 扌 / 5	払い込み　〜払い＜現金払い・カード払い・一回払い・分割払い＞　未払い ☞支払い　前払い　後払い
込	込	こ-む こ-める		辵 辶 / 5	振り込み　申し込み　送料込み ☞申込書　税込み
残	残	のこ-る のこ-す	ザン	歹 / 10	残金　残高照会 ☞残業　残高証明書
登	登	のぼ-る	トウ ト	癶 / 12	登録　印鑑登録 ☞登校　登山　登場　正社員登用 住民登録　外国人登録証明書
利	利	き-く	リ	刀 刂 / 7	利子　利息　利用(方法・明細) ☞右利き　左利き　利用登録

書きましょう！

① 銀行や郵便局やコンビニで公共料金や税金などを支払うこと⇒F □ い □ み

　未だ支払われていないこと＝E 未 □ い

② 銀行の窓口やATMから相手の銀行口座に送金すること⇒F 振り □ み

③ 預金口座に残っているお金の額（高）＝B(d+b) 預金 □ 高

④ 名前や住所、印鑑や暗証番号などを情報として記録にのせる（登）＝D □ 録する

⑤ 預金や借金につく利子・利息＝B □ □

読みましょう！　適当な語を選んでください。

a残金　　b残高　　c登録　　d金利　　e払い込み　　f振り込み　　g送料込み

① 水道料金・光熱費などの公共料金は郵便局やコンビニなどで _____ ができます。

② 給料から生活費を差し引いた _____ は全て貯蓄に回しています。

③ _____ の商品を買ったのに送料が引き落とされていたので返金を求めました。

④ 銀行預金やローン（借金）には _____ がつきますが、その率は景気により変わります。

⑤ 窓口で _____ 手続きを済ませると、1〜2週間でキャッシュカードが郵送されます。

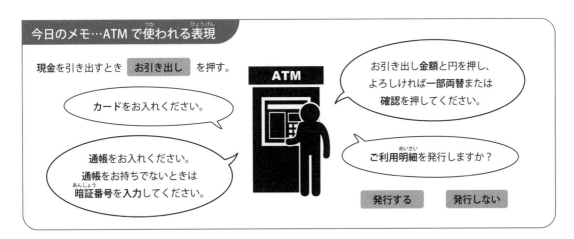

今日のメモ…ATMで使われる表現

現金を引き出すとき お引き出し を押す。

カードをお入れください。

通帳をお入れください。
通帳をお持ちでないときは
暗証番号を入力してください。

ATM

お引き出し金額と円を押し、
よろしければ一部両替または
確認を押してください。

ご利用明細を発行しますか？

発行する　　発行しない

話しましょう！ 本を探して借りるまでの流れを話しましょう。

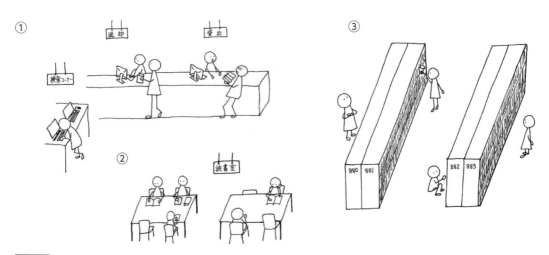

ヒント

書名／著者名／キーワード／入力／検索／記号／書棚／探す／カウンター／利用登録／利用カード／発行

今日の漢字	筆順	訓読み	音読み	部首／画数	◆今日の漢字を使った語◆
図	図	はか‐る	ト ズ	口 ／ 7	図書　図書館　図書室 絵図　〜図＜配置図・案内図＞ ☞図形　図表　地図　合図
書	書	か‐く	ショ	日 ／ 10	書き順　書き言葉　書き取り　書き込み 下書き 書籍　書名　書棚　書類　清書　願書 ☞書留　絵葉書　書道
読	読	よ‐む	ドク トク トウ	言 ／ 14	読み書き 句読点　読書　音読　黙読 ☞読解
貸	貸	か‐す	タイ	貝 ／ 12	貸し借り　貸し出し　貸出中 ☞賃貸アパート　賃貸借契約書　制服貸与
期	期	—	キ ゴ	月 ／ 12	期間 〜期限＜返却期限・賞味期限・消費期限＞ ☞期待　延期　〜学期＜３学期＞　定期券 定期便

書 (か) きましょう！

① 図(絵図)と書(書物)＝ C 〔 〕書 (としょ)　② 読んだり書いたりする＝ C 〔 〕み〔 〕きする (よ・か)

きれいに(清)書き直す＝ B 清〔 〕する⇔下書きする (せいしょ)　願い出の書類＝ B 願〔 〕 (がんしょ)

③ 音(声)に出して読む＝ B 音〔 〕する⇔黙読する (おんどく・もくどく)

④ 貸したり借りたりする＝ C 〔 〕し借りする (かし・か)

⑤ ある時(時期)からある時までの間＝ B 〔 〕間 (きかん)　(返す・おいしく味わう・安全に食べられる)期間を前もって限る＝(返却・賞味・消費) D 〔 〕限 (きげん)

読 (よ) みましょう！　適当な語 (てきとうなご) を選んでください。

a 貸し借り　b 読書　c 返却期限　d 音読　e 句読点　f 読み書き　g 配置図

① 図書の _____ を過 (す) ぎると、本を返すまでは、次 (つぎ) の貸し出しが禁止 (きんし) になります。

② 図書館の学習室 (がくしゅうしつ) や _____ 室は誰 (だれ) でも利用できるので、学校帰りや休日によく行きます。

③ 宿題 (しゅくだい) の読書感想文 (かんそうぶん) は、題名 (だいめい) を忘れずに、_____ や書き言葉に注意 (ちゅうい) して書きましょう。

④ 読書と漢字の書き取りで、_____ が上達 (じょうたつ) し、書き順 (じゅん) や送り仮名 (がな) も間違 (まちが) えなくなりました。

⑤ 「館内の案内図 (あんないず) と書籍の _____ です。借りたい本が貸出中なら、予約 (よやく) も可能 (かのう) です。」

今日のメモ…図書館 (としょかん)・図書室利用 (としょしつりよう) のルールとマナー

 返却 (へんきゃく) 期限を必 (かなら) ず守 (まも) る

 借りた本をほかの人に貸さない

 本に書き込みをしない

 飲食禁止

 通話禁止

 おしゃべり禁止

 荷物 (にもつ) の放置 (ほうち) 禁止

49

話しましょう！　どこで、どんな研究をしますか。
はな

① ② ③ ④ ⑤

ヒント

実験／調査／観察／開発／大学院／研究室／会社／研究所
じっけん ちょうさ かんさつ かいはつ だいがくいん けんきゅうしつ かいしゃ けんきゅうしょ

今日の漢字 きょう かんじ	筆順 ひつじゅん	訓読み くんよみ	音読み おんよみ	部首 ぶしゅ / 画数 かくすう	◆今日の漢字を使った語◆ ご
言	言	い‐う こと	ゲン ゴン	言	言葉 ことば　言葉遣い ことばづかい 言語学 げんごがく　方言 ほうげん　助言 じょげん
				7	☞言語 げんご　発言 はつげん　伝言 でんごん　狂言 きょうげん
考	考	かんが‐える	コウ	老耂	考え かんが 考察 こうさつ　参考 さんこう　参考文献 さんこうぶんけん　選考 せんこう
				6	☞考え方 かんが かた　参考書 さんこうしょ
思	思	おも‐う	シ	心	思い おも　思い込み おもこ 思考 しこう　思想 しそう　不(可)思議 ふかしぎ
				9	☞思い出 おもで
知	知	し‐る	チ	矢	知らせ し　知り合い しあ　物知り ものし 知識 ちしき　知恵 ちえ
				8	☞承知 しょうち　合格通知書 ごうかくつうちしょ
説	説	と‐く	セツ ゼイ	言	説明 せつめい 学説 がくせつ　仮説 かせつ　解説 かいせつ　小説 しょうせつ
				14	☞取扱説明書(トリセツ) とりあつかいせつめいしょ　演説 えんぜつ

書きましょう！

① 地方の言葉＝ B方□　助けになる言葉＝ B助□（＝アドバイス）

② 照らし合わせて（参照して）考えるときの助けにすること・もの＝ B参□

③ 思ったり考えたりする＝ C□□する　思ったり議論したりすることが不可能なこと

＝ E不(可)□□　人生や社会についての思いや考え（想）＝ C□想

④ 物事について知っている内容（識）＝ B□識

⑤ 説いて明らかにする＝ B□□する　わかるよう解いて説明する＝ C解□する

読みましょう！　適当な語を選んでください。

a 説明　b 不思議　c 方言　d 思考　e 参考　f 助言　g 選考

① 言語学の _____ 調査で仮説を実証し、それまでの学説をくつがえす発見をしました。

② 物知りの知り合いの知恵と _____ で見つけた参考文献が、発明につながりました。

③ 論文を書くことは、主題に対する思い込みの _____ が整理されることだと実感しました。

④ 体験をもとに書いた小説が、文学賞の最終 _____ に残ったとの知らせが届きました。

⑤ 研究発表への取り組みで、考察力と _____ 力、正しい言葉遣いが身につきました。

今日のメモ…「考える」と「思う」の違い

考える
思う

・ほめられてうれしく（思う・考える）。

・問題の答えを（思う・考える）。

・泣いたと（思ったら・考えたら）もう笑っている。

・相手の気持ちを（思う・考える）。

・環境破壊の原因について（思う・考える）。

・今日は昨日より寒いように（思う・考える）。

話しましょう！　よく行くところはどこですか。

①

②

③

ヒント
美術館／博物館／動物園／植物園／水族館

今日の漢字	筆順	訓読み	音読み	部首 / 画数	◆今日の漢字を使った語◆
美	美	うつく-しい	ビ	羊 / 9	美術　美術館　美点 ☞美しさ　美術学部　美容師　美容院
絵	絵	―	カイ エ	糸 / 12	絵画 絵本　絵葉書　★〜絵＜油絵・ぬり絵＞ ☞絵図
画	画	―	ガ カク	田 / 8	画家　画像　動画　★〜画＜風景画・人物画＞　画数 ☞画面（表示・ロック）　計画　企画会議
有	有	あ-る	ユウ ウ	月 / 6	有料　有無　所有 ☞有給　有給休暇（有休）
見	見	み-る み-える み-せる	ケン	見 / 7	見方　見聞き 見聞　見学　★見物　意見 ☞花見　味見　運転見合わせ　暑中見舞い 発見

書 きましょう！

① 感じがいい（美しい）点＝ B [美]点⇔欠点

② 絵を中心にした本＝ B [絵][本]　作品として描いた絵＝ C [絵][画]

③ 動く画像＝ B [動][画]

④ 自分のものとして持っている＝ E 所[有]する　料金の支払いが有る＝ E [有][料]

⇔無料　有るか無いか＝ C [有]無

⑤ 実際に見て学ぶ＝ B [見][学]する　見たり聞いたりする＝ C [見]聞き・[見聞]する

読 みましょう！　適当な語を選んでください。

| a 有料　b 有無　c 見学　d 見物　e 絵画　f 絵本 |

① この美術館が所有する ＿＿＿＿ は、17世紀フランス画家の見事な作品が中心です。

② 校外学習で水族館に ＿＿＿＿ に行き、祖母へのお土産に絵葉書を買いました。

③ 博物館の音声ガイドは ＿＿＿＿ ですが、解説がわかりやすくて借りる価値があります。

④ ＿＿＿＿ は子ども向けの出版物ですが、大人が読んでも楽しいという意見もあります。

⑤ 映画館の入口では、係の人が招待券や観覧チケットの ＿＿＿＿ を確認していました。

今日のメモ…美術館などで見聞きする表現

開館・閉館	展示品に手を触れないでください。	写真撮影は禁止されています。	ここから先に入らないでください。	矢印の通りにお進みください。
例：開館午前9時　閉館午後5時		（撮影禁止）	（この先立入禁止）	（順路／見学コース）

順路

53

話しましょう！　映画やコンサートは好きですか。よく行くところはどこですか。

①

②

③

？

ヒント

映画／コンサート／ライブ／ダンス／演劇／歌劇／オペラ／
ミュージカル／伝統芸能（歌舞伎・能・狂言など）

今日の漢字	筆順	訓読み	音読み	部首／画数	◆今日の漢字を使った語◆
音	音	おと／ね	オン／イン	音／9	物音　音色　音声　音響　音色　音楽家　発音　騒音　軽音楽　☞音読　音楽　音楽学部　警報音
楽	楽	たの-しい／たの-しむ	ガク／ラク	木／13	楽器　楽曲　娯楽　★吹奏楽　★器楽　☞行楽地
演	演		エン	水 氵／14	演技　演劇　演出　演奏　演説　出演　上演　公演
映	映	うつ-す／うつ-る／は-える	エイ	日／9	映画　映画館　映画監督　映像　上映　放映
観	観	※み-る	カン	見／18	観客　観客席　観覧　★観光　★観賞　外観　主観(的)　客観(的)　☞観察　観戦　観光地　観光ビザ

① それぞれの音の持つ感じ（色）＝ B ⬜色（音色）　物音や人の声＝ C ⬜声

② 軽い気分で楽しむ音楽＝ B 軽⬜⬜　　仕事や勉強を離れて楽しむもの＝ C 娯⬜

③ 演劇や音楽などを観客（公衆）の前で上演・演奏する＝ B 公⬜する

④ 映画を観客に見せる＝ D 上⬜する　映画をテレビで放送する＝ D 放⬜する

⑤ 外（客）からの見方・考え方（観）＝ B 客⬜（的）⇔主観（内からの見方・考え方）

読 みましょう！　適当な語を選んでください。

a 上映　　b 音色　　c 発音　　d 観光　　e 公演　　f 観客席　　g 外観

① 言語の ＿＿＿＿＿ に慣れるため、映画は吹き替えではなく字幕付きの映像を選びます。

② 古い劇場は、建物の ＿＿＿＿＿ もきれいで館内もおしゃれで、建物見物も楽しみです。

③ プロが演奏する楽器の ＿＿＿＿＿ はきれいですが、妹のバイオリンは騒音のようです。

④ 映画館の＿＿＿＿＿ は、話題の新作映画が公開されてから、連日満席です。

⑤ 世界的サーカス集団の来日が決定しましたが、＿＿＿＿＿ の詳細は未定です。

今日のメモ…「演」の意味

演

「技術や芸などを人々の目の前でやって見せる」
＝
「演じる」

芸術や文化の言葉に多い。

演技：見る人の前で、芸などをやって見せること。

演劇：俳優が舞台で演じる劇。芝居。

演出：映画や舞台で演技・装置・照明・音響などを総合的に作ること。

演奏：聞く人の前で、楽器を奏でたり歌を歌ったりすること。

演説：多くの人々の前で自分の意見を話すこと。

出演：映画やテレビなどに登場すること。

話しましょう！　どんな趣味がありますか。

 ①
 ②
 ③
 ④

 ⑤
 ⑥
 ⑦
 ⑧

ヒント

趣味・習い事（〜教室）：料理／ピアノ／絵を描く／陶芸／手芸／園芸／写真を撮る／書道／俳句／短歌／茶道（茶道）／華道（生け花）／カラオケ

今日の漢字	筆順	訓読み	音読み	部首／画数	◆今日の漢字を使った語◆
遊	遊	あそ-ぶ	ユウ　ユ	辵辶／12	遊び心　遊具　☞遊び場　遊歩道　遊園地
歌	歌	うた　うた-う	カ	欠／14	歌声　歌手　歌劇　歌舞伎　国歌　短歌　主題歌　☞応援歌
声	声	こえ　こわ	セイ　ショウ	士／7	声楽　声優　発声練習　☞声援
作	作	つく-る	サク　サ	人イ／7	作品　作者　作家　作曲　作曲家　作法　新作　動作　☞作り方　作物　製作　発作
紙	紙	かみ	シ	糸／10	手紙　折り紙　色紙　色紙　白紙　〜用紙＜メモ用紙・★作文用紙＞　★画用紙　☞紙袋　紙幣　（問題・解答）用紙

書(か)きましょう！

① 遊(あそ)びに使(つか)う道具(どうぐ)＝ B ☐ 具(ゆうぐ)

② 国(くに)を代表(だいひょう)して公式(こうしき)の場(ば)で歌(うた)われる歌(うた)＝ B 国(こっか) ☐

③ 歌(うた)を歌(うた)う声(こえ)＝ B ☐ ☐(うたごえ)　　声(こえ)だけの音楽(おんがく)＝ B ☐ ☐(せいがく)　　声(こえ)だけで演(えん)じる俳優(はいゆう)＝ B ☐ 優(せいゆう)

④ 楽曲(がっきょく)を作(つく)る＝ D ☐ 曲(さっきょく)する　作(つく)った物(品)(しな)・人(者)(もの)＝ B ☐ 品(さくひん)・☐ 者(さくしゃ)

　小説(しょうせつ)を書(か)くことや芸術品(げいじゅつひん)を作(つく)ることが職業(しょくぎょう)の人(ひと)＝ B ☐ ☐(さっか)

⑤ メモに用(もち)いる(使(つか)う)紙(かみ)＝メモ B ☐ ☐(ようし)　　何(なに)も書(か)いていない白(しろ)い紙(かみ)＝ B 白(はくし) ☐

読(よ)みましょう！　　適当(てきとう)な語(ご)を選(えら)んでください。

a 声優　　b 声楽　　c 作法　　d 折り紙　　e 作曲　　f 歌声

① 帰国(きこく)する友人(ゆうじん)に、きれいな色紙(いろがみ)で花(はな)や鳥(とり)の _____ をして、色紙(しきし)に貼(は)って贈(おく)ります。

② 茶道(さどう)では、お茶(ちゃ)をたてる動作(どうさ)だけでなく、客(きゃく)を迎(むか)えるおもてなしの _____ も習(なら)います。

③ 学校(がっこう)の近(ちか)くを通(とお)ると、発声練習(はっせいれんしゅう)や合唱(がっしょう)をしている学生(がくせい)たちの _____ が聞(き)こえます。

④ アニメの人気(にんき)とともに、主題歌(しゅだいか)の歌手(かしゅ)や主人公(しゅじんこう)の _____ の人気(にんき)も高(たか)まりました。

⑤ バンドを組(く)み、遊(あそ)び心(ごころ)で _____ した軽音楽(けいおんがく)の楽曲(がっきょく)をライブハウスで演奏(えんそう)しています。

今日のメモ…職業(しょくぎょう)を表(あらわ)す漢字(かんじ)

家(か)　作家(さっか)、画家(がか)、陶芸家(とうげいか)、写真家(しゃしんか)、建築家(けんちくか)、音楽家(おんがくか)、作曲家(さっきょくか)、華道家(かどうか)、政治家(せいじか)、実業家(じつぎょうか)など

手(しゅ)　歌手(かしゅ)、運転手(うんてんしゅ)、スポーツ選手(せんしゅ)など

師(し)　医師(いし)、看護師(かんごし)、薬剤師(やくざいし)、教師(きょうし)、講師(こうし)、美容師(びようし)、漁師(りょうし)など

士(し)　弁護士(べんごし)、会計士(かいけいし)、介護士(かいごし)、消防士(しょうぼうし)、操縦士(そうじゅうし)、力士(りきし)など

官(かん)　裁判官(さいばんかん)、検察官(けんさつかん)、警察官(けいさつかん)、自衛官(じえいかん)、外交官(がいこうかん)など

員(いん)　会社員(かいしゃいん)、店員(てん)、公務員(こうむいん)、銀行員(ぎんこういん)、研究員(けんきゅういん)など

者(しゃ)　指揮者(しきしゃ)、司会者(しかいしゃ)、医者(いしゃ)、役者(やくしゃ)、学者(がくしゃ)など

57

今日の漢字〜 **練・泳・苦・準・備**

話しましょう！　体をどのように動かしますか。

①

②

③

④

⑤

⑥

⑦

⑧

ヒント

首を回す／腕を伸ばす・曲げる／足を広げる・閉じる／腰をひねる／逆立ち（手を下にして立つ）／うつ伏せ（胸を下にする）・あお向け（胸を上にする）／飛び上がる／持ち上げる

今日の漢字	筆順	訓読み	音読み	部首 / 画数	◆今日の漢字を使った語◆
練	練	ね‐る	レン	糸 / 14	練習　（全体・自主）練習　訓練 ☞発声練習
泳	泳	およ‐ぐ	エイ	水 氵 / 8	〜泳ぎ＜平泳ぎ・★背泳ぎ・★立ち泳ぎ＞ 水泳　競泳
苦	苦	くる‐しい くる‐しむ にが‐い にが‐る	ク	艸 艹 / 8	苦しみ 苦痛　苦労
準	準	—	ジュン	水 氵 / 13	準備運動　準決勝　準優勝　基準 ☞準急　準備　準備中
備	備	そな‐える そな‐わる	ビ	人 イ / 12	備え付け 備品　設備　完備　不備　守備　警備員 ☞常備薬

書 きましょう！

① 何度も繰り返して(練って)習う＝B□□する　れんしゅう

② スピードを競って泳ぐこと＝B競□　きょうえい　③ 苦しみや痛み＝C□痛　くつう

④ 優勝に次ぐ(準じる)＝E□優勝(第2位)　じゅんゆうしょう

比べる基になる目安(準)＝B基□　きじゅん

⑤ 備え付け(備えて用意してある)の品物＝B□品　びひん

完全にすっかり備える／備わっている＝B完□(する)⇔不備(がある)　かんび

読 みましょう！　適当な語を選んでください。

| a 完備　b 準備運動　c 自主練習　d 競泳　e 基準　f 訓練　g 備品 |

① 競技人口が少ないスポーツは、_____ する時間や場所の確保に苦労します。

② 父は昔、_____ の選手で、水泳の全国大会では平泳ぎで準優勝したことがあります。

③ 駅前のジムは、スポーツ設備のほかにカフェやショップも _____ しています。

④ 体育館のスタッフと警備員は、月1回を基準に、防災・防犯の _____ をしています。

⑤ ジムの会員は、ロッカーや運動器具などの _____ を無料で借りることができます。

今日のメモ…いろいろなスポーツ

球技
野球　サッカー　バスケットボール
バレーボール　ゴルフ　ボウリング
ラグビーなど

ラケット競技
テニス　卓球　バドミントンなど

陸上競技
マラソン　100m走　ハンマー投げ　走り幅跳びなど

武道・格闘技
相撲　柔道　剣道　合気道　空手　ボクシングなど

その他
水上スポーツ　ウインタースポーツ(スケート　スキーなど)
モータースポーツ　水泳　登山(ボルダリング　クライミング)
スケートボード　乗馬など

話しましょう！ 観戦や応援をするとき、どんな道具や言葉を使いますか。

それ いけー!!
全力で勝つ!!
一球入塊
おねがい します
いいぞー!
走れー!
がんばれー!
Fight!!
必勝

ヒント

応援団／応援歌／拍手／手拍子／声援／野次／応援マナー／応援グッズ／横断幕／開会式／閉会式

今日の漢字	筆順	訓読み	音読み	部首 / 画数	◆今日の漢字を使った語◆
勝	勝	か‐つ まさ‐る	ショウ	力 / 12	勝ち 勝ち負け 勝負 勝敗 勝者 優勝
負	負	ま‐ける ま‐かす お‐う	フ	貝 / 9	負け 負傷 抱負
決	決	き‐まる き‐める	ケツ	水 氵 / 7	決心 決定 決勝 決勝戦 決行 雨天決行 ☞（キャリア・スマホ）決済 解決
対	対	—	タイ ツイ	寸 / 7	対戦 対決 〜対〜＜３対１＞ ☞対策 反対方向
取	取	と‐る	シュ	又 / 8	取材 先取点 ☞（お）取引金額 取引先 取扱説明書 取り消し 取り組み 取り寄せ 間取り 受取人 書き取り 買い取り 取得

60

書 きましょう！

① 勝った者＝ _B□者 ⇔敗者

勝ちと負け＝ _C□ち□け・□□（する）・□敗

② 心の中に持っている（抱く）考え⇒抱□　傷を負う＝ _D□傷する（けがをする）

③ やろうと心に決める＝ _D□心する　優勝や勝敗を決めること＝ _D□□

決心して行う＝ _B□□する

④ 相対して（向かい合って）戦う＝ _B□戦する　⑤ 先に取った点数＝ _B先□点

読 みましょう！ 適当な語を選んでください。

| a 対戦 | b 反対 | c 勝負 | d 決行 | e 抱負 | f 勝者 | g 負傷 |

① 決勝戦は明日午後6時試合開始。雨でも延期せずにやります。雨天 _____ です。

② 今年の _____ は、勝敗が決まるまで集中し、最後まで努力して諦めないことです。

③ 取材した記者によると、先月の試合で _____ した選手が復帰するそうです。

④ _____ 相手も強かったけれど、先取点を守った味方の守備が素晴らしかったです。

⑤ 私たちは、第二試合の _____ と明日の準決勝で対決することが決定しています。

今日のメモ…スポーツの勝ち負け

対戦して決まる勝ち負け

チーム対チーム、個人対個人で相手と戦って決まる。
（チームスポーツ、レスリング、柔道、テニス等）
攻撃（攻める）…相手に対して多く得点をする。
守備（守る）…失点をしないようにする。

記録を出して決まる勝ち負け

参加者の中で一番良い記録を出して決まる。
（陸上競技、水泳、体操、スケート等）
速さ、距離、重さ、高さを競う。
または審査によって評価される
美しさや技術を競う。

61

話しましょう！　武道を知っていますか。

ヒント
柔道／空手／剣道／相撲／合気道／弓道

今日の漢字	筆順	訓読み	音読み	部首 / 画数	◆今日の漢字を使った語◆
入	入	い−る はい−る い−れる	ニュウ	入 / 2	入り口　入場　入団 ☞ お気に入り　お預け入れ　立入禁止　入院 　　入学　入試　入社　入港　入国　入力　入金 　　入場料　記入　加入　進入禁止
出	出	で−る だ−す	シュツ スイ	凵 / 5	出場　出席　選出　☞ 出入口　出口　船出 出来事　思い出　(届け・申し・願い)出　(引き・ 売り・貸し・買い・飛び)出し　出血　出発 出社　出勤　出演　出力　出港　出国 出入国(手続き・審査)　出題　出願書類 出身地　出席率　出版　外出　提出　転出届
集	集	あつ−まる あつ−める つど−う	シュウ	隹 / 12	集合　集中 ☞ 集団　集会所　集合住宅　集中豪雨 募集　問題集
合	合	あ−う あ−わせる あ−わす	ゴウ ガッ カッ	口 / 6	合図　合気道　気合　試合　場合　話し合い 合宿　合流　合同練習　会合 ☞ (問い・待ち)合わせ　知り合い　度合い　具合 合唱　合計　合格通知書　総合　総合的　総合科目
達	達	—	タツ ※タチ ※ダチ	辵 / 12	達成　上達　発達 ☞ 友達　配達　速達便

書きましょう！

① 何かの団体・会場や式場に入る＝ D □団・□□ する⇔退団・退場する

② 試合などの場・授業や行事に出る＝ D □□・□席する⇔欠場・欠席する

選んで出す＝ B 選□ する

③ 一か所に集まって合う＝ B □□ する⇔解散する

④ 二つ以上の川や人の流れが合わさって一緒に流れる＝ B □流する　話し合いのため

に会うこと＝ C □□　　　⑤ 上の段階・レベルに達する＝ D □□ する

読みましょう！　適当な語を選んでください。

| a 合宿 | b 合図 | c 試合 | d 合流 | e 発達 | f 集中 | g 上達 |

① 注目を集めて入団した新人選手が、今日の全体練習からチームに _____ しました。

② スポーツでも勉強でも、達成できそうな目標を決めれば、必ず _____ すると思います。

③ 軽量化の技術の _____ で、スピードの出るランニングシューズが開発されました。

④ 夏休みに３校の合同練習があるので、学校に泊まる _____ には気合が入ります。

⑤ _____ があったら、すぐに全員、体育館の入り口に集合してください。

今日のメモ…「出る」のいろいろな意味

・最近お腹が出てきたので走ろうと思っていますが、
　毎日暑くてやる気が出ません。
・今年の大会には、世界の優秀な選手も出ていて、
　世界記録もたくさん出ました。
・彼は、高校を出てプロチームに入り、
　今は日本を出て海外で活躍し、人気が出てきました。
・駅前から競技場までバスが出ています。
　競技場の周りにはたくさんのお店が出ていますよ。
・お金が出なくても働くボランティアに対し、
　選手からは感謝の言葉が多く出ました。

話（はな）しましょう！　海外旅行（かいがいりょこう）の出入国手続（しゅつにゅうこくてつづ）きに必要（ひつよう）な語（ご）を確認（かくにん）しましょう。

①　②　③　④　⑤

ヒント

港（みなと）／空港（くうこう）／チェックインカウンター／手荷物（てにもつ）カウンター／航空券（こうくうけん）／

出入国審査（しゅつにゅうこくしんさ）／旅券（りょけん）（パスポート）／搭乗券（とうじょうけん）（ボーディングパス）／

搭乗口（とうじょうぐち）（搭乗（とうじょう）ゲート）／乗船券（じょうせんけん）／乗船口（じょうせんぐち）／保安検査（ほあんけんさ）／手荷物受取所（てにもつうけとりじょ）／

税関手続（ぜいかんてつづ）き

今日（きょう）の漢字（かんじ）	筆順（ひつじゅん）	訓読（くんよ）み	音読（おんよ）み	部首（ぶしゅ） 画数（かくすう）	◆今日（きょう）の漢字（かんじ）を使（つか）った語（ご）◆
港	港	みなと	コウ	水 氵 12	港町（みなとまち） 漁港（ぎょこう）　母港（ぼこう）　入港（にゅうこう）　出港（しゅっこう）　寄港（きこう）　帰港（きこう）
空	空	そら あ-く あ-ける から	クウ	穴 8	空（そら）の便（びん） 空中（くうちゅう）　空港（くうこう）　空路（くうろ） ☞空手（からて）　空（あ）き室（しつ）　空室（くうしつ）　空間（くうかん）　空気（くうき）
飛	飛	と-ぶ と-ばす	ヒ	飛 9	飛行（ひこう）　飛行機（ひこうき）　飛来（ひらい）　★飛行船（ひこうせん） ☞飛（と）び出（だ）し　飛行場（ひこうじょう）
船	船	ふね ふな	セン	舟 11	船旅（ふなたび）　船出（ふなで）　船便（ふなびん） 乗船（じょうせん）　下船（げせん）　漁船（ぎょせん） ★（遊覧（ゆうらん）・連絡（れんらく）・貨物（かもつ）・客（きゃく）)船（せん）　★風船（ふうせん）
航	航	—	コウ	舟 10	航路（こうろ）　航行（こうこう）　航海（こうかい）　航空（こうくう）　航空便（こうくうびん） 航空券（こうくうけん）　航空機（こうくうき）　無人航空機（むじんこうくうき）（ドローン） 渡航（とこう）　運航（うんこう）　欠航（けっこう）　★巡航船（じゅんこうせん）

書 (か)きましょう！

① 母港(ぼこう)に帰(かえ)る= D □□（きこう）する　航海(こうかい)の途中(とちゅう)、港(みなと)に寄(よ)る= D 寄□（きこう）する

② 空(そら)の港(みなと)= B □港（くうこう）　航空機(こうくうき)が通(とお)る空中(くうちゅう)の路(みち)(航路(こうろ))= B □□（くうろ）⇔海路(かいろ)・陸路(りくろ)

③ 空中(くうちゅう)を飛(と)んで行(い)く= B □□（ひこう）する　（野鳥(やちょう)などが)飛(と)んで来(く)る= B □□（ひらい）する

④ 船(ふね)が港(みなと)を出(で)る= A □□（ふなで）・ D □□（しゅっこう）する⇔入港(にゅうこう)する

船(ふね)を下(お)りる= D □□（げせん）する⇔乗船(じょうせん)する

⑤ 航路(こうろ)を行(い)く= D □行（こうこう）する　航路(こうろ)を渡(わた)る= D 渡□（とこう）する

読 (よ)みましょう！　適当(てきとう)な語(ご)を選(えら)んでください。

| a 海路 | b 空路 | c 寄港 | d 帰港 | e 飛行 | f 船出 | g 運航 | h 渡航 |

① 漁港(ぎょこう)を出港(しゅっこう)した漁船(ぎょせん)が _____ 予定日(よていび)を過(す)ぎても戻(もど)らず、港町(みなとまち)は大騒(おおさわ)ぎになっています。

② 犯人(はんにん)は犯行後(はんこうご)すぐに成田空港(なりたくうこう)から _____ 出国(しゅっこく)し、外国(がいこく)に逃走(とうそう)したようです。

③ 無人航空機(むじんこうくうき)(ドローン)の _____ により、危険(きけん)な場所(ばしょ)の状況(じょうきょう)も調(しら)べることができます。

④ 人生(じんせい)を船(ふね)にたとえ、成人(せいじん)して新(あたら)しい生活(せいかつ)を始(はじ)めることを「人生(じんせい)の _____ 」と言(い)います。

⑤ 病気(びょうき)の世界的流行(せかいてきりゅうこう)で、定期便(ていきびん)の欠航(けっこう)が相次(あいつ)ぎ、飛行機(ひこうき)の _____ が減(へ)っています。

今日のメモ…「便」の意味(いみ)

──べん──

・便利(べんり)なこと…交通(こうつう)の便・足(あし)の便

　　水(みず)の便

・大便(だいべん)や小便(しょうべん)…便所(べんじょ)（トイレ）

男子(だんし)トイレ・女子(じょし)トイレ

便

──びん──

・便(たよ)りや手紙(てがみ)…郵便(ゆうびん)・速達便(そくたつびん)

・人(ひと)や物(もの)の輸送(ゆそう)…便名(びんめい)・便数(びんすう)

空(そら)の便・航空便(こうくうびん)・船便(ふなびん)・宅配便(たくはいびん)

直行便(ちょっこうびん)・定期便(ていきびん)・臨時便(りんじびん)・深夜便(しんやびん)

14 ホテル

話しましょう！　どこに泊まりますか。

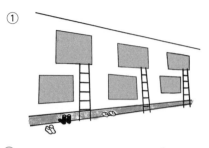

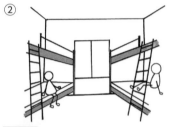

ヒント

ホテル／旅館／民宿／ゲストハウス／カプセルホテル／ユースホステル

今日の漢字	筆順	訓読み	音読み	部首 / 画数	◆今日の漢字を使った語◆
旅	旅	たび	リョ	方 / 10	一人旅　旅先 旅行　海外旅行　旅館　旅費 ☞ 船旅　旅券（パスポート）
宿	宿	やど やど-る やど-す	シュク	宀 / 11	安宿 宿泊　民宿 ☞ 宿題　合宿
泊	泊	と-まる と-める	ハク	水 氵 / 8	機内泊 〜泊〜日＜一泊二日＞　一泊二食付き ☞ 車中泊
民	民	たみ	ミン	氏 / 5	民家　国民　住民　移民 ☞ 住民票　住民登録　国民健康保険
約	約	—	ヤク	糸 / 9	約〜＜約2万円＞　約束 予約　節約　契約　解約　婚約 ☞ 賃貸借契約書

66

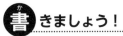**書きましょう！**

① 旅行の費用＝ B [　][　]

② 自宅以外のところ（宿）に泊まる＝ D [　]泊する

許可を受けた民家（一般の人が住む家）の宿泊施設＝ B 民[　]

③ 飛行機内で一泊すること＝ B 機内[　]

④ その国の国籍を持つ人々（民）＝ B 国[　]

その土地に住む人々＝ B 住[　]

外国へ移住した人々＝ B 移[　]

⑤ 前もって（予め）約束する＝ B 予[　]する

予約や契約を解く（取り消す）＝ D [　][　]する

読みましょう！ 適当な語を選んでください。

a 予約　　b 民宿　　c 解約　　d 一泊二食　　e 旅費　　f 一泊二日　　g 宿泊

① 婚約した記念に、＿＿＿＿＿ 付きで約2万円の温泉旅館に泊まりました。

② 学生時代の一人旅では、安宿に ＿＿＿＿＿ しながら、よく街の人々とも交流しました。

③ 火山の噴火で、周辺の観光地の宿は、＿＿＿＿＿ の取り消しが増えています。

④ 日帰りのつもりでしたが、旅先のホテルに空室があって、＿＿＿＿＿ の旅になりました。

⑤ 来年、海外旅行を計画しているので、飲食費を節約して ＿＿＿＿＿ を貯めています。

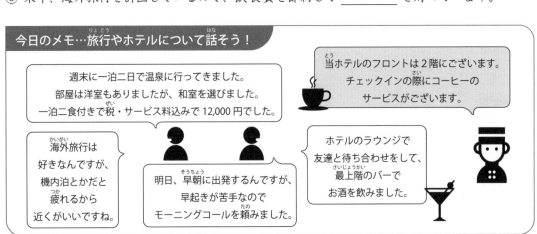

今日のメモ…旅行やホテルについて話そう！

週末に一泊二日で温泉に行ってきました。
部屋は洋室もありましたが、和室を選びました。
一泊二食付きで税・サービス料込みで 12,000 円でした。

当ホテルのフロントは2階にございます。
チェックインの際にコーヒーの
サービスがございます。

海外旅行は
好きなんですが、
機内泊とかだと
疲れるから
近くがいいですね。

明日、早朝に出発するんですが、
早起きが苦手なので
モーニングコールを頼みました。

ホテルのラウンジで
友達と待ち合わせをして、
最上階のバーで
お酒を飲みました。

話しましょう！ 日本地図を見て、日本列島の名前と都道府県の名前を確認しましょう。

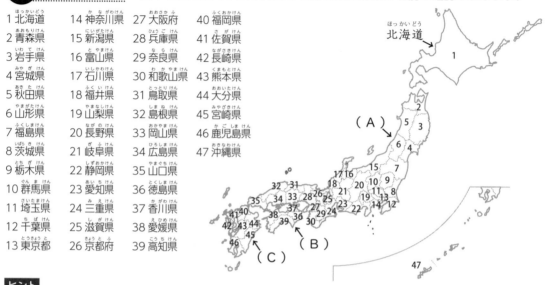

1 北海道	14 神奈川県	27 大阪府	40 福岡県
2 青森県	15 新潟県	28 兵庫県	41 佐賀県
3 岩手県	16 富山県	29 奈良県	42 長崎県
4 宮城県	17 石川県	30 和歌山県	43 熊本県
5 秋田県	18 福井県	31 鳥取県	44 大分県
6 山形県	19 山梨県	32 島根県	45 宮崎県
7 福島県	20 長野県	33 岡山県	46 鹿児島県
8 茨城県	21 岐阜県	34 広島県	47 沖縄県
9 栃木県	22 静岡県	35 山口県	
10 群馬県	23 愛知県	36 徳島県	
11 埼玉県	24 三重県	37 香川県	
12 千葉県	25 滋賀県	38 愛媛県	
13 東京都	26 京都府	39 高知県	

ヒント

４７都道府県（１都・１道・２府・４３県）／首都（東京）／日本列島４島（北海道・本州・九州・四国）

今日の漢字	筆順	訓読み	音読み	部首／画数	◆今日の漢字を使った語◆
役	役	―	ヤク／エキ	彳／7	役所（市・区）役所　役場　（町・村）役場　役人　☞役者
所	所	ところ	ショ	戸 戸／8	所在地　所属　所定　住所　近所　☞所有　避難所　集会所　便所(トイレ)　喫煙所　手荷物(預かり所・受取所)
申	申	もう-す	シン	田／5	申し出　申込書　申請　交付申請　★申告　☞申し訳（ございません）
更	更	さら／ふ-かす／ふ-ける	コウ	日／7	更新　変更　住所変更
届	届	とど-く／とど-ける	―	尸／8	届け　届け出　届出先　（欠席・公欠）届　（転出・★転入）届

書きましょう！

① 市・区・町・村で働く人（役人）のいる場所＝ B〔　〕所・〔　〕場

② 学校などがある場所＝ B〔　〕在地　　自分が属している所＝ E〔　〕属

前もって定まって（決まって）いる＝ E〔　〕定

③ 自分から役所に申し出をして請求する＝（パスポート・ビザを）B〔　〕請する

④ 更に新しいものにする・なる＝ B（ビザを）〔　〕新する　⑤ 落とし物などを届け出る先

（相手）＝ B〔　〕出先　公式に許される欠席の届け（公認欠席届）＝ B公欠〔　〕

読みましょう！　適当な語を選んでください。

| a 転出届 | b 転入届 | c 変更 | d 更新 | e 所定 | f 所属 | g 公欠届 |

① 引っ越しをするときは、今まで住んでいた市区町村の役所に＿＿＿＿＿＿ を出します。

② 住所変更の届け出は、決められた＿＿＿＿＿＿ の用紙に記入し、事務局へお願いします。

③ 申込書には、氏名・年齢・住所・電話番号と勤務先などの＿＿＿＿＿＿ をお書きください。

④ 友人は、日本語学校の出席率が低くて、留学ビザの＿＿＿＿＿＿ ができませんでした。

⑤ インフルエンザなどの伝染病で学校を欠席する場合は、＿＿＿＿＿＿ を出します。

今日のメモ…自分の住所を漢字で書こう！

住所を表す漢字
都・道・府・県／市・区・町／村／
〇丁目・〇番地／〇号（室）／郵便番号〒

漢数字
一、二、三、四、五、六、七、八、九、十

話（はな）しましょう！　留学に必要な書類や手続きを確認しましょう。（りゅうがく ひつよう しょるい てつづ かくにん）

渡航前〜（とこうまえ）

渡航後〜（とこうご）

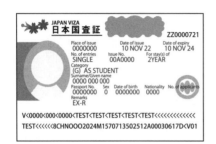

ヒント

A 査証（ビザ）取得（さしょう／しゅとく）／B 在留カード（外国人登録証明書）（ざいりゅう とうろくしょうめいしょ）／C 資格外活動許可書（しかくがいかつどうきょかしょ）／D 経費支弁者（けいひしべんしゃ）／E 身元保証人（みもとほしょうにん）／
F 住民登録（じゅうみんとうろく）／G 国民健康保険加入（こくみんけんこうほけんかにゅう）／H 旅券（パスポート）の交付申請（りょけん こうふしんせい）／I 残高証明書（ざんだかしょうめいしょ）

今日の漢字（きょう かんじ）	筆順（ひつじゅん）	訓読み（くんよ）	音読み（おんよ）	部首（ぶしゅ）／画数（かくすう）	◆今日の漢字を使った語◆（きょう かんじ つか ご）
査	査	―	サ	木	査証（ビザ）（さしょう）　審査（しんさ） ☞（保安・尿）（ほあん にょう）検査（けんさ）　調査（ちょうさ）
				9	巡査（お巡りさん）（じゅんさ まわ）　出入国審査（しゅつにゅうこくしんさ）
証	証	―	ショウ	言	（学生・会員）証（がくせい かいいん しょう）　卒業証書（そつぎょうしょうしょ） 証明（残高・身分・外国人登録）証明書（しょうめい ざんだか みぶん がいこくじんとうろく しょうめいしょ） 身元保証人（みもとほしょうにん）
				12	☞暗証番号（あんしょうばんごう）　保証書（ほしょうしょ）　社員証（しゃいんしょう）　遅延証明書（ちえんしょうめいしょ） 健康保険証（けんこうほけんしょう）
在	在	あ‐る	ザイ	土	在籍（ざいせき）　在学（ざいがく）　在留（カード・期限・資格）（ざいりゅう きげん しかく） 存在（そんざい）　不在（ふざい）　滞在（たいざい）　現在（げんざい）
				6	☞在来線（ざいらいせん）
許	許	ゆる‐す	キョ	言	許可（きょか）　（資格外活動）許可書（しかくがいかつどう きょかしょ）　運転免許証（うんてんめんきょしょう）
				11	☞教員免許（きょういんめんきょ）
認	認	みと‐める	ニン	言	認め印（みと いん）
				14	認可（にんか）　認証（にんしょう）　顔認証（かおにんしょう）　確認（かくにん）　承認（しょうにん）

70

書きましょう！

① 審査して入国や滞在を認める証明＝B□証　② 学生や会員として在学・在籍して

いることを認める証明＝B学生・会員□　卒業を証明する文書＝B卒業

□書　③ そこにある＝C存□する⇔不在　外国に滞在して留まる＝B□□

する　④ 願い出を許し可能にする＝B□□する

⑤ 相手の意向を聞き入れて（承って）認める＝B承□する

役所などが認めて許可をする／認めて証明をする＝B□□・B□証する

読みましょう！　適当な語を選んでください。

a パスポート　　b 査証（ビザ）　　c 在留カード　　d 身分証明書　　e 許可　　f 顔認証

① 留学生の就職が決まったら、在留期限までに＿＿＿＿＿の変更手続きが必要です。

② 運転免許証や顔写真付きの学生証は、＿＿＿＿＿に使えますが、会員証はだめです。

③ ＿＿＿＿＿をなくしたら、出入国在留管理庁で再交付の申請手続きをしてください。

④ 留学生がアルバイトをする場合、在留資格の資格外活動への ＿＿＿＿＿が必要です。

⑤ 顔情報による ＿＿＿＿＿システムは、スマートフォンの画面ロック解除にも使われています。

今日のメモ…ビザと在留資格

ビザ（査証）

入国審査に必要なもの
海外にある日本大使館または領事館が発行する。
就業・一般・短期滞在（観光）など

在留資格

入国後、日本に滞在するために出入国在留管理庁が
許可する資格
留学・研修・技能実習・特定技能
ワーキングホリデー・日本人の配偶者
定住者など

話しましょう！ 下の語は日本のどの行政機関（省庁）に関係がありますか。

1 日本語学校（　　　）　　2 大使館（　　　）　　3 ハローワーク　（　　　）　　4 保健所（　　　）

5 国民健康保険（　　　）　　　6 ごみのリサイクル（　　　）　　7 ビザ・在留カード（　　　）

8 運転免許証（　　　）　　9 天気予報　（　　　）　　10 資源エネルギー（　　　）

11 パトカー　（　　　）　　　12 救急車・消防車（　　　）

ヒント

A 警察庁／B 総務省（⇒消防庁）／C 法務省（⇒出入国在留管理庁）／D 国土交通省（⇒気象庁）／E 文部科学省／
F 外務省／G 厚生労働省／H 経済産業省／I 環境省

（A-8, 11 / B-12 / C-7 / D-9 /E-1 / F-2 / G-3, 4, 5 / H-10 / I-6）

今日の漢字	筆順	訓読み	音読み	部首 画数	◆今日の漢字を使った語◆
省	省	かえり-みる はぶ-く	ショウ セイ	目 罒	省庁　省略　省エネルギー（省エネ）
				9	反省　外務省　環境省　厚生労働省 文部科学省　経済産業省
庁	庁	―	チョウ	广	官庁　都庁　県庁　気象庁　警察庁
				5	消防庁　出入国在留管理庁
署	署	―	ショ	网 罒	署名　部署
				13	警察署　消防署　★税務署
局	局	―	キョク	尸	局地的　事務局　放送局
				7	☞郵便局　薬局
報	報	むく-いる	ホウ	土	報告　報道　情報　予報　通報 緊急地震速報
				12	☞警報　注意報　天気予報

書きましょう！

① エネルギーの消費を省く＝D ☐ エネ　自分を振り返る（省みる）＝C 反 ☐ する

② 国の行政や都・県の事務を扱う所＝B 官 ☐ ・都 ☐ ・県 ☐

③ 氏名を書き記す（署）＝D ☐ 名する　決められた仕事の場所⇒部 ☐

④ 限られた所（局）の土地＝B ☐ 地

⑤ 経過や結果を告げて知らせる（報じる）＝C ☐ 告する　情報を広く一般に知らせる⇒

☐ 道する　警察や消防に情報を伝え知らせる（通わせる）＝D 通 ☐ する

読みましょう！　適当な語を選んでください。

| a 署名　b 外務省　c 厚生労働省　d 消防署　e 報道　f 予報　g 局地 |

① ＿＿＿＿＿＿＿ が実施している国民健康保険制度は、外国人の加入も認められています。

② 事件・事故の際は警察署に110番、火事や救急の際は ＿＿＿＿＿＿＿ に119番通報します。

③ アパートの賃貸借契約書は、＿＿＿＿＿＿＿ があれば、認め印（印鑑）は必要ありません。

④ 前線の影響で ＿＿＿＿＿＿＿ 的な集中豪雨が予報され、住民への避難指示も出そうです。

⑤ 梅雨明けが報告され、冷房使用による熱中症対策が放送局から ＿＿＿＿＿＿＿ されました。

今日のメモ…地震用語

緊急地震速報
揺れの激しい地域の人に、
警報音・振動（バイブレーション）・画面表示など
で知らせる

マグニチュード（M）
地震そのものの大きさを
あらわす単位

震度
地震による揺れの度合い

震源地
地震のもとになる変動が
起こったところ

余震
大きな地震の後に続いて
起こる小さな地震

津波
海底が震源の地震に
伴って押し寄せる
大きな波

今日の漢字～ 海・洋・島・陸・野

話しましょう！　自然の風景の中にある場所は、どんなところですか。

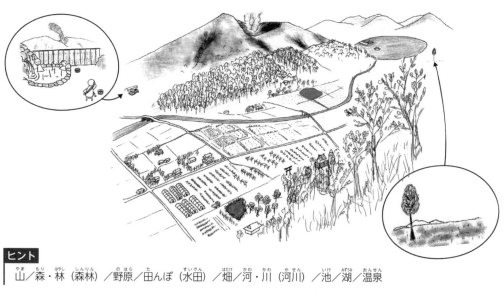

ヒント

山／森・林（森林）／野原／田んぼ（水田）／畑／河・川（河川）／池／湖／温泉

今日の漢字	筆順	訓読み	音読み	部首／画数	◆今日の漢字を使った語◆
海	海	うみ	カイ	水 氵 9	海岸　海上　海路　海流　海峡　近海 ☞ 海底　海外　海外旅行　航海
洋	洋	―	ヨウ	水 氵 9	洋風　西洋　東洋　遠洋 ☞ 洋室
島	島	しま	トウ	山 10	島国 半島　列島 ☞ 日本列島
陸	陸	―	リク	阜 阝 11	陸地 離陸　着陸　上陸 ☞ 陸路　陸上競技
野	野	の	ヤ	里 11	野原 野生　平野　山野 ☞ 野鳥　野菜　野球場　野次　分野

書(か)きましょう！

① 海に接している陸地（岸）⇒ □岸　近くの海＝B □□⇔遠洋

船が通る海上の航路＝B □□

② アジアの東部・南部地方⇒ □□⇔西洋

③ 列を作って並んでいる島＝B 列□　海に長く大きく突き出た陸地⇒半□

④ 陸を離れる＝D 離□する⇔着陸する　陸に上がる＝D □□する

⑤ 低く平らで広い野原＝B 平□　山野で生まれて自然のままに育つ⇒□□

読(よ)みましょう！　適当(てきとう)な語(ご)を選(えら)んでください。

a 上陸　　b 着陸　　c 離陸　　d 島国　　e 和風　　f 洋風　　g 野生

① 日本は海に囲(かこ)まれ海流(りゅう)にも恵(めぐ)まれた_____で、近海の漁業(ぎょぎょう)も遠洋漁業も盛(さか)んです。

② 地球(ちきゅう)を東洋と西洋の二つに分け、特(とく)に西洋のやり方を_____と呼(よ)んでいます。

③ 台風３号(ごう)は迷走(めいそう)しながら北上(ほくじょう)し、列島の間の海峡(かいきょう)を抜(ぬ)けて九州(きゅうしゅう)に_____しました。

④ 飛行機は飛行場を_____したとたん、バランスを失(うしな)って海岸近くの海に墜落(ついらく)しました。

⑤ 森林がなくなることは、_____の動植物(どうしょくぶつ)の絶滅(ぜつめつ)や地球温暖化(ちきゅうおんだんか)にもつながります。

今日のメモ…季節(きせつ)を表(あらわ)す言葉(ことば)

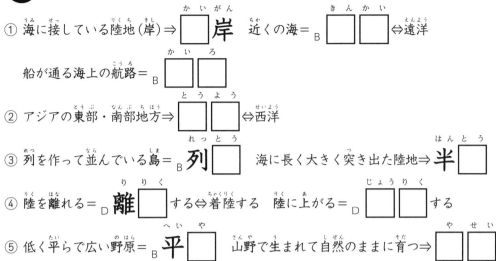

暖(あたた)かい　春一番(はるいちばん)
花見(はなみ)　山菜(さんさい)　桜前線(さくらぜんせん)

暑(あつ)い　蒸(む)し暑い
田植(たう)え　花火(はなび)　天の川(あまのがわ)
金魚(きんぎょ)　暑中見舞(しょちゅうみま)い　熱中症(ねっちゅうしょう)

寒(さむ)い　木枯(こが)らし
冬眠(とうみん)　渡(わた)り鳥(どり)

涼(すず)しい　肌寒(はだざむ)い　秋晴(あきば)れ　落(お)ち葉(ば)
紅葉(こうよう)　紅葉狩(もみじが)り　新米(しんまい)

春(はる)・夏(なつ)・秋(あき)・冬(ふゆ)　春夏秋冬(しゅんかしゅうとう)

5月　6月　7月
4月　　　　8月
春　夏
3月　　　　9月
冬　秋
2月　　　　10月
1月　12月　11月

75

話 しましょう！　下の天気予報のマークはどんな意味ですか。

① 　② 　③ 　④

⑤ 　⑥ 　⑦ 　⑧

⑨ 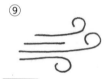　⑩ 　⑪ 　⑫

ヒント

晴れ（晴天）／曇り（くもり）／雨降り（雨天）／大雨／小雨／晴れ後曇り／晴れ時々曇り／下り坂／強風／高波／
雪（降雪・積雪）／雷／雷雨／猛暑日／熱帯夜

今日の漢字	筆順	訓読み	音読み	部首／画数	◆今日の漢字を使った語◆
天	天	あめ あま	テン	大／4	天の川 天気　天気図　天気予報　天候　晴天 ☞ 歩行者天国
風	風	かぜ かざ	フウ フ	風／9	風上　風下 風景　強風　台風　暴風雨 ☞ 風邪　風呂　田園風景
雨	雨	あめ あま	ウ	雨／8	雨降り　雨上がり　雨雲　大雨　小雨 長雨　梅雨（梅）　梅雨前線　秋雨前線 雨天　雷雨 ☞ 雨天決行　集中豪雨
光	光	ひかり ひか−る	コウ	儿／6	日の光　日光　稲光 光熱費 ☞ 観光ビザ　観光地
波	波	なみ	ハ	水 氵／8	高波 寒波　熱波　電波　周波数 ☞ 津波

書きましょう！

① その日の空（大気）の状態⇒ □気　ある期間の天気の状態⇒ □候

② 風が吹いてくる方向⇒ □□⇔風下　激しい風（暴風）と雨＝ C 暴□□

③ 雨が止んだすぐ後⇒ □上がり　雨の降る天気＝ B □□⇔晴天

④ 日（太陽）の光＝ B □□　電気（光）やガス（熱）の費用＝ B □熱費

⑤ 冬に急に寒さが強まる現象⇒寒□⇔熱波　電気と磁気の波＝ E □□

読みましょう！　適当な語を選んでください。

| a 台風 | b 大雨 | c 長雨 | d 天気 | e 天候 | f 寒波 | g 電波 | h 稲光 |

① 日本の夏の＿＿＿＿＿ は、暑いうえに湿気の多い高温多湿で、熱中症に注意が必要です。

② ＿＿＿＿＿ による停電の被害に備え、水や非常食それに電池や充電の用意をしましょう。

③ 梅雨とは、梅の実ができる６月上旬から７月中旬頃までの ＿＿＿＿＿ の季節のことです。

④ 黒い雨雲が出てきたかと思ったら、＿＿＿＿＿ がして雷が鳴り、夕立が降ってきました。

⑤ 同じ周波数のものが近くにあると、Wi-Fi の ＿＿＿＿＿ がつながりにくくなることがあります。

今日のメモ…気象用語

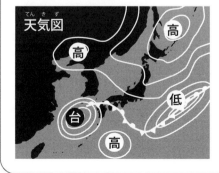

天気図

気圧　大気の重さによる圧力。風は高気圧から低気圧に向かって吹く。日本の冬は「西高東低」の気圧配置。

台風　夏の終わり頃に南の海上で発生する、暴風雨を伴う熱帯低気圧。

前線　暖かい空気と冷たい空気の境目。（温暖前線・寒冷前線・梅雨前線・秋雨前線）

警報　重大な災害の起こるおそれのあることを警告する予報。（大雨・洪水・暴風・大雪など）

注意報　災害が起こるおそれがあるかもしれないと注意する予報。（大雨・洪水・強風・雷・乾燥など）

17 位置（いち）

話（はな）しましょう！ 人がいる位置（いち）や物がある位置をどのように言いますか。

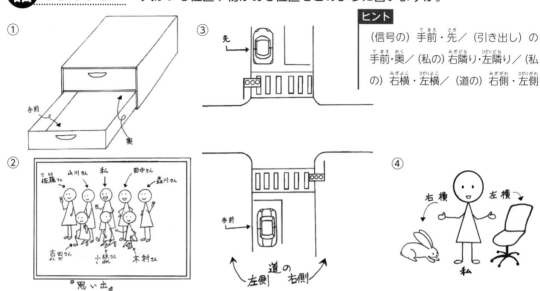

ヒント
（信号の）手前（てまえ）・先（さき）／（引き出し）の
手前（てまえ）・奥（おく）／（私の）右隣り（みぎどな）・左隣り（ひだりどな）／（私
の）右横（みぎよこ）・左横（ひだりよこ）／（道の）右側（みぎがわ）・左側（ひだりがわ）

① 手前 / 奥

② 佐藤さん 山川さん 私 田中さん 森川さん / 吉田さん 小林さん 木村さん / 『思い出』

③ 先

④ 右横 / 左横 / 私

道の 左側 右側

手前

今日（きょう）の漢字（かんじ）	筆順（ひつじゅん）	訓読み（くんよ）	音読み（おんよ）	部首（ぶしゅ）画数（かくすう）	◆今日の漢字を使った語（ご）◆
前	前	まえ	ゼン	刀 リ	前足（まえあし） 前向き（まえむ） （信号・引き出し）の手前（てまえ） 前方（ぜんぽう） 前日（ぜんじつ） 前半（ぜんはん） 前期（ぜんき） 前後（ぜんご） 前進（ぜんしん） 午前（ごぜん） 直前（ちょくぜん）
				9	☞ 前売り券（まえうけん） 前払い（まえばら） 前線（ぜんせん）（桜（さくら）・梅雨（ばいう）・秋雨（あきさめ）・温暖（おんだん）・寒冷（かんれい））前線 食前（しょくぜん）
後	後	あと のち うし－ろ おく－れる	ゴ コウ	彳	後ろ足（うしあし） 後ろ向き（うしむ） 後方（こうほう） 後半（こうはん） 後期（こうき） 後輩（こうはい） 後日（ごじつ） 午後（ごご） 直後（ちょくご）
				9	☞ 後払い（あとばら） 後片付け（あとかたづ） 晴れ後曇り（はのちくも） 食後（しょくご）
中	中	なか	チュウ ジュウ	｜	中指（なかゆび） 真ん中（まなか） 中央（ちゅうおう） 中心（ちゅうしん） 中古品（ちゅうこひん） 中止（ちゅうし） 途中（とちゅう） 車中泊（しゃちゅうはく） ★（世界・一日）中（じゅう）
				4	☞ 中庭（なかにわ） 中央口（ちゅうおうぐち） 空中（くうちゅう） 年中無休（ねんじゅうむきゅう）（貸出（かしだし）・走行（そうこう）・準備（じゅんび）・外出（がいしゅつ）・工事（こうじ）・建設（けんせつ）・営業（えいぎょう））中
右	右	みぎ	ウ ユウ	口	右手（みぎて） 右側（みぎがわ） 右側通行（みぎがわつうこう） 右利き（みぎき） 右横（みぎよこ） 右隣り（みぎどな） 右左（みぎひだり）
				5	右折（うせつ）
左	左	ひだり	サ	エ	左手（ひだりて） 左側（ひだりがわ） 左側通行（ひだりがわつうこう） 左利き（ひだりき） 左横（ひだりよこ） 左隣り（ひだりどな）
				5	左右（さゆう） 左折（させつ）

 **きましょう！**

① 前の方向＝_B□方⇔後方　ある日の一つ前の日＝_B□□⇔翌日

② 同じ学校・会社に後から来た人＝_B□輩⇔先輩

③ 真ん中の指＝_B□指　列車やバスの中で宿泊する＝_B□□泊

　少し古い品物＝_B□□品　途中で止める＝_B□止する

④ 右に折れる（曲がる）＝_D□折⇔□折する

⑤ 右手より左手のほうがよく利く（はたらく）人＝_A□利き⇔□利き

読みましょう！　適当な語を選んでください。

| a右側　b左側　c前方　d後方　e右利き　f左利き　g右折　h左折　i中心　j中央 |

① ご覧ください。行く手の左＿＿＿＿＿＿＿に見えてきた山が日本で一番高い富士山です。

② 日本では、歩行者は道路の＿＿＿＿＿＿＿通行、車や自転車は左側通行が基本です。

③ 東京は日本の国の中央となる首都で、政治や経済の＿＿＿＿＿＿＿地です。

④ トラックは後ろから前進してくる自転車に気づかず＿＿＿＿＿＿＿し、事故を起こしました。

⑤ お箸は、右手より左手をよく使う＿＿＿＿＿＿＿の人にも便利な、右左のない道具です。

今日のメモ…「前後」のいろいろな意味

＊時間の前後
「前日」（ある日の前の日）
「翌日」（ある日の次の日）

「先日」「後日」
「午前」「午後」
「直前」（あるコトのすぐ前）
「直後」（あるコトのすぐ後）

＊数の前後
10人前後（約10人）
20歳前後（19歳〜21歳）

＊位置の前後
「前足」「後ろ足」
「直前」（あるモノのすぐ前）
「直後」（あるモノのすぐ後）

20歳前後

前足　後ろ足

＊向きの前後
「前向き」「後ろ向き」
「前方」「後方」

＊順序の前後
「先」「後」
「前半」「後半」
「前期」「後期」

前方　直前　直後　後方

W大学	VS	K大学
24	前半	7
5	後半	7
29	合計	14

18 空間

今日の漢字〜 地・場・庭・園・界

話しましょう！ どんな建物・施設・機関ですか。適当な漢字を入れて読みましょう。

食（　　）／映画（　　）／美容（　　）／博物（　　）／寺（　　）／美術（　　）／大学（　　）／

公会（　　）／体育（　　）／旅（　　）／国会議事（　　）／神（　　）／病（　　）／図書（　　）／

水族（　　）／講（　　）／大使（　　）

ヒント

堂〜多くの人の集まる建物　　社〜神をまつる建物　　館〜公共の大きな建物や客を迎える宿

院〜大事な目的を持つ施設・機関や神仏をまつる建物

今日の漢字	筆順	訓読み	音読み	部首／画数	◆今日の漢字を使った語◆
地	地	ー	チ／ジ	土／6	地面　地震　地元　土地　産地　遊園地 避暑地　観光地　行楽地　出身地　墓地 ☞地図　地方　地域　地球　地球温暖化 地下　地下鉄　デパ地下
場	場	ば	ジョウ	土／12	場所　広場　本場　（ゴミ・自転車）置き場 遊び場　タクシー乗り場　切符売り場　市場 （市場）工場　会場　式場　運動場　野球場 ☞職場　出場　入場　登場　駐車場
庭	庭	にわ	テイ	广／10	中庭 庭園　校庭 ☞家庭
園	園	その	エン	口／13	園芸　公園　菜園　植物園　動物園 保育園　幼稚園　学園 ☞田園風景
界	界	ー	カイ	田／9	世界　視界　業界　★財界　★政界 ★芸能界

書 きましょう！

① 地面が震えること＝ A [ ] 震　　品物が生産される土地＝ B 産 [ ]

② 式を行う場所／会を開く場所＝ B 式 [ ] ・会 [ ]

　　物事が盛んに作られ行われる本式の場所＝ E 本 [ ]

③ 建物と建物の中（間）にある庭＝ B [ ] [ ]

④ 野菜などを作る園（畑）＝ B 菜 [ ]　　子どもを保護し育てる園＝ 保育 [ ]

⑤ 同じ事業（仕事）をしている人々の世界＝ B [ ] [ ]　　目に見える範囲⇒ 視 [ ]

読 みましょう！　適当な語を選んでください。

a 広場　　b 庭園　　c 本場　　d 園芸　　e 産地　　f 視界　　g 業界

① 私の住む地元の県は米作りに適した気候で、日本一の米の ＿＿＿＿＿＿＿ として名高いです。

② さすが、おしゃれの ＿＿＿＿＿＿＿ ですね。有名なファッションデザイナーのお店が多いですよ。

③ 学校の校庭は、人々が交流したり災害時に避難したりする ＿＿＿＿＿＿＿ としても使われます。

④ 父の趣味は、自宅の菜園で野菜や草花、果物などを育てる ＿＿＿＿＿＿＿ です。

⑤ サービス業と言われる ＿＿＿＿＿＿＿ には、ホテルやレストランでの接客も含まれます。

今日のメモ…いろいろな空間

意味や目的のある土地
遊園地・避暑地・観光地
行楽地・出身地・墓地

地

物や体を置く場、何かが行われる場

ゴミ置き場・自転車置き場
タクシー乗り場・切符売り場・遊び場
市場（市場）・工場・運動場・野球場

場

目的の決められた所
避難所・集会所
喫煙所
手荷物預かり所／受取所

所

囲いをしたところ
人を集めて教育するところ
動物園・植物園・公園・庭園
幼稚園・学園

園

81

解答・解説

01 学校1

①	e	②	f	③	a	④	c	⑤	g

★ 【始業】と【終業】⇒学校の学期または1日の授業が始まることを「始業」、終わることを「終業」と言う。また、1日の仕事が始まることや終わることも「始業・終業」と言う。

★ 始業式⇒学期の初日に行われる学校行事。新入生に対しては、年度始めに入学式が行われる。

★ 終業式⇒学期の最終日に行われる学校行事。卒業生に対しては、年度終わりに卒業式が行われる。

★ 【休校】と【休講】⇒学校が授業をやめて休みにすることを「休校」、教師が授業(講義)を休みにすることを「休講」と言う。

01 学校2

①	e	②	b	③	d	④	c	⑤	f

★ 教科⇒学問を大まかに分類したもの。国語科、数学科(算数)、理科、社会科など。

★ 科目⇒教科を分野別に細かく分類したもの。
　　＊理科～物理／化学／生物　　　＊社会科～世界史／日本史／地理／政治・経済

01 学校3

①	f	②	b	③	a	④	d	⑤	c

★ 試し⇒軽い気持ちでやってみること。(例:試しに～する／お試し期間／力試し)

★ 理解⇒ものごとの意味や話の内容がわかること。

★ 了解⇒ものごとの意味や話の内容を理解した上で、認めて受け入れること。「了解です」は、「わかりました」と同じ意味。お客様や目上に対しては、「承知しました」「かしこまりました」を用いる。

02 家1

①	c	②	a	③	f	④	b	⑤	e

★【兄弟】と【姉妹】⇒姉妹は「姉と妹」に使うが、兄弟は「兄と弟」のほかに、「兄と妹」「姉

と弟」などを指す場合にも使う。

★ 家庭⇒家族がいっしょに生活する場所のこと。

★ 作物⇒農業によって作られたもの。主に野菜や果物、米、小麦、そのほか花など。

★ 畳⇒和室の床に敷くもの。イグサという植物で作り、畳の枚数で部屋の広さを表す。
　　（例：6畳は畳6枚分の広さ）

02　家2

①	f	②	c	③	b	④	a	⑤	g

★ 調える⇒いい状態にする。料理ではいい味にすること。
　　物をきれいに並べたり服をきちんと着たりすることなどは「整える」と書く。

★ 行う⇒ルールや目的に合わせてすることの改まった言い方。（例：そうじを？行う・する／
　　友だちとテニスを？行う・する／結婚式を行う・する／オリンピックが行われる・？される）

02　家3

①	e	②	g	③	a	④	b	⑤	c

★ 昼飯⇒「昼ご飯」の丁寧ではない言い方。例えば「飯、行こう！」などは男性は使うが、女
　　性はあまり使わない。また、「飯」は「麦飯」（麦を入れたご飯）、「焼き飯」（ご飯や肉、野
　　菜等を炒めて作るチャーハンに似た料理）など、料理名になることもある。

★ 常温⇒温めたり、冷やしたりしない温度。10〜25℃くらい。

03　会社1

①	e	②	f	③	g	④	b	⑤	a

★ 会長
　　＊ある団体の代表者（PTAの会長、自治会の会長、生徒会の会長など）
　　＊会社での社長の上の地位（ポジション）

★ 〜帰り⇒どこかに行ったその帰りの意味。（例：仕事帰り／塾帰り／買い物帰り）

★ 共働き⇒夫婦が共に働いて収入を得ること。

03　会社2

①	g	②	d	③	a	④	e	⑤	c

★ 休日出勤⇒休みの日に出勤して働くこと。この日の代わりに取る休みを「代休」と言う。

★ 残業⇒終業時間を過ぎても働くこと。

★ 退職⇒勤めている会社や仕事をやめること。定年退職など。⇔就職

★ 辞職⇒自分の意思で職（仕事）を辞めること。任務（役割）を辞めることは、「辞任」と言う。

03 会社3

①	e	②	a	③	f	④	g	⑤	c

★ 消去⇒ソフトウェアのプログラムやデータを完全に消し去ること。元に戻せない。

★ 削除⇒データの不要な一部分を削ったり、除いたりすること。ただし、「写真データを消去する」「写真データを削除する」のように、どちらも同じ意味で使われることもある。

04 駅1

①	b	②	e	③	c	④	f	⑤	a

★ 運転見合わせ⇒事故や悪天候のため、いつも通りの運転を一時、中断すること。

★ 乗り換え⇒（JRから地下鉄／山手線から中央線／普通から急行／電車からバスなど）別の路線や乗り物に換えること。目的地まで別の路線に乗り換えなしで行ける場合は、「直通（運転）」と言う。また、給油などのために途中で一度降りて、同じ乗り物に乗る場合は、「乗り継ぎ」と言う。

★ 折り返し運転⇒終点まで行かず、途中の駅で進んできた方向と逆の方向に進むこと。

★ 回送列車⇒車両を車庫などの場所に運ぶため、乗客を乗せずに運転する列車。

04 駅2

①	c	②	d	③	b	④	f	⑤	g

★ 乗り越し⇒切符や定期券で行ける駅を越えてさらに乗って行くこと。降りた駅の改札口で乗車券の精算（足りない料金を払うこと）が必要。

04 駅3

①	c	②	b	③	d	④	a	⑤	f

★ ローカル線⇒地方の路線のことで、乗り降りする人が少なく、1〜2両の列車が多い。

★ 遅延証明書⇒列車が遅れて到着した時に、鉄道会社が出す証明書。

★ 振替輸送⇒運転見合わせが発生した場合、運行できない区間について、ほかの鉄道会社やバス会社にお願いして、すでに買った乗車券で行ける場所までは無料でほかの交通機関を利用できるようにすること。

05 道1

①	f	②	b	③	h	④	d	⑤	g

★ 遊歩道⇒ゆっくりと散歩を楽しめるようにつくった歩道。
★ 道の駅⇒国道などの道に沿って作られた休憩施設。地域の特産品を売っている。
★ 歩行者天国⇒日曜日などに車の進入を止めて、車道を人が歩けるようにした場所。
★ 路上ライブ⇒屋内ではなく、道路上で生演奏をすること。
★ 歩きタバコ／歩きスマホ⇒歩きながらタバコを吸ったり、スマホを見たりすること。

05 道2

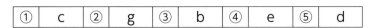

①	c	②	g	③	b	④	e	⑤	d

★ 停留所⇒バスの乗客が乗り降りするために止まる場所で、「バス停」とも言う。
★ 路線バス⇒決められたルートを走るバス。　★ 観光バス⇒観光地を巡るバス。
★ 歩道橋⇒交通量の多い通りで、歩行者が向こう側(反対側)へ渡れるようにつくった橋。

05 道3

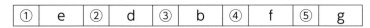

①	e	②	d	③	b	④	f	⑤	g

★ 横転⇒横向きに転がって倒れること。　★ 回転⇒回って転がること。
★ 運行⇒列車やバスが決められたルートを予定通りに動くこと。
★ 運送⇒荷物を運んで送ること。
★ 満車⇒駐車場などが自動車でいっぱいになること。
★ 交番や駐在所(住み込み勤務)の警察官(巡査)は、「お巡りさん・駐在さん」と呼ばれる。

06 店1

①	a	②	g	③	e	④	b	⑤	f

★ 商う⇒品物を売ったり買ったりすること。
★ 八百屋⇒「青果店」とも言う。野菜や果物を中心に売る店。

06　店2

①	f	②	d	③	c	④	a	⑤	e

★ 接客業⇒店、ホテル、交通機関などで直接お客様と話したり、サービスしたりする仕事。
　飲食店のホールスタッフ、コンビニの販売員、ホテルのフロント係、美容師、客室乗務員
　などがある。

★ 袋の種類　　＊材料～紙袋・ビニール袋・ポリ袋
　　　　　　　＊形～手提げ袋（手で持つところがある）
　　　　　　　＊目的～レジ袋・ゴミ袋・給料袋

06　店3

①	f	②	e	③	b	④	a	⑤	g

★ 屋台⇒屋根があり、車がついているなど、簡単に移動、組み立てができる店。
★ 塩味⇒使った調味料で、料理がどんな味かを言う。味噌味、醤油味、ソース味など。
★ 年中無休⇒決まった休み（定休日）がなく、店などがほぼ毎日開いていること。

07　病院1

①	e	②	c	③	d	④	g	⑤	a

★ 【気分】と【気持ち】

＊ 気分が悪い⇒精神的な不快感　　　　　＊ 気持ちが悪い⇒感覚的・肉体的な不快感。
　（例：悪口を言われて気分が悪い）　　　（例：ゴキブリは気持ちが悪い／? 気分が悪い）
　　　　　　　　　　　　　　　　　　　　（例：お酒を飲み過ぎて気持ちが悪い（＝吐き気））

★ 寒気⇒熱が出る時に感じる不快な寒さ。「悪寒」とも言う。　cf. 寒気（冷たい空気）
★ 医者⇒人（医師）を指す場合と場所（医療機関）を指す場合がある。

　　＊人～かかりつけのお医者さんに診てもらう
　　＊場所～虫歯の治療で歯医者に通っている

07　病院2

①	e	②	g	③	c	④	d	⑤	f

★ 薬局⇒薬を調合し販売するところ。病院内、薬剤師のいる施設、ドラッグストアなどを指す。
★ 常備薬⇒家庭で常に準備しておく薬。

07 病院3

①	a	②	c	③	e	④	f	⑤	h

★ 健康保険証⇒国民健康保険に加入すると発行され、医療機関や薬局で保険証を提示すると、医療費の3割を支払えばいい。

★ 予防⇒病気や災害などが起こらないように前もって対策しておくこと。
（例：感染症予防／虫歯予防／予防接種（ワクチン接種）／火災予防）

★ 防止⇒良くないことが起こらないように起こる前に防ぐこと。（例：事故防止／非行防止）

08 銀行1

①	g	②	b	③	f	④	c	⑤	a

★ 口座⇒銀行などで、利用者のお金の出し入れを管理し、その記録を残すためのもの。
　＊預金口座～銀行などの金融機関にお金を預けるために設けた口座のこと。
　＊振替口座～ゆうちょ銀行の口座のこと。「郵便振替口座」の略。

★ 口座開設⇒口座を開くこと。
　＊開設に必要なもの～在留カード、パスポート、住民票、学生証・社員証、印鑑など。

★ 口座振替⇒電気・ガス・水道・電話などの料金や税金などを預金者の口座から金融機関が自動的に引き落として、受取人の口座に送金するしくみ。ゆうちょ銀行の口座の場合は、「郵便振替」と言う。

★ 立て替え⇒他の人が払うべき代金を代わりに一時的に払うこと。

　＊兄が弟の授業料を立て替える。（お金の流れ：兄→学校）
　＊兄が弟に授業料を貸す。（お金の流れ：兄→弟）

08 銀行2

①	e	②	a	③	g	④	d	⑤	c

★ 残金⇒残ったお金。支払った後に手もとに残った現金や、支払わなければならないお金のうち、未払い（まだ支払っていない）で残っているお金のこと。

★ 残高⇒残った金額。預金口座などに残っているお金の額や、収入から支出を差し引いて残った金額のこと。

09 図書館

①	c	②	b	③	e	④	f	⑤	g

★ 図書館⇒図書、記録、資料などを集めて保管し、利用者が自由に見たり借りたりできるようにした施設で、自習室や視聴覚室があるなど、いろいろな機能をもった場所。

★ 図書室⇒学校や会社、官庁などで集められ保管されている図書を、見たり借りたりできる場所。

★ 書き込み⇒本やプリントなどに文字や文を書き入れること。また、その文字や文。

★【期間】と【期限】

　＊期間⇒何日から何日まで（例：願書の受付期間は９月１日から７日までです。）

　＊期限⇒何日まで（例：レポートの提出期限は１２月１０日です。）

10 研究室

①	c	②	f	③	d	④	g	⑤	a

★【考える】と【思う】

　＊考える⇒論理的、継続的（ずっと考える）で、自分でコントロールできる思考。

　＊思う⇒感情的、一時的（その時だけ思う）で、自分でコントロールできない思考。

★ 思い込み⇒正しいかどうかわからないことを、絶対に正しいと信じて深くそう思うこと。

　（例：思い込みが激しい／思い込みの強い人）

11 文化・娯楽施設1

①	e	②	c	③	a	④	f	⑤	b

★ 油絵（油絵の具で描かれた絵）　cf.水彩画（水で溶いた絵の具）／鉛筆画（色鉛筆）

★ 風景画（自然や町の景色の絵）　★人物画（人の姿）　cf.静物画（花や果物など）

★ ぬり絵（線だけで形が描かれた絵に色を塗って楽しむもの）

★【見る】と【観る】

　＊いろいろな物・場所・イベントなどを目で見て楽しんだり学んだりすること⇒見物・見学

　＊美しい物・場所・風景・映画などを感じたり考えたりしながら観て味わうこと⇒観光・観賞

11 文化・娯楽施設2

①	c	②	g	③	b	④	f	⑤	e

★ 器楽（楽器で演奏する音楽）　cf.声楽（人の声による音楽）

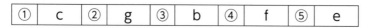

★ 吹奏楽(管楽器による音楽)　cf.管弦楽(管楽器と弦楽器による音楽。オーケストラ)

★ 吹き替え⇒外国映画の中で話された言葉を自分の国の言語に替えて録音したもの。

★ 字幕⇒映画やテレビの中で話された言葉や説明などを文字にして画面に映し出したもの。

11 文化・娯楽施設 3

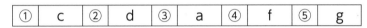

★ 色紙⇒折り紙や飾りに使う紙。

★ 色紙⇒詩やサイン、寄せ書きなどを書くのに使う四角形の厚い紙。

★ 作文用紙⇒文章を書くためのマス目(□)のある紙。

★ 画用紙⇒絵を描くための厚くて白い紙。

12 スポーツ施設 1

| ① | c | ② | d | ③ | a | ④ | f | ⑤ | g |

★ いろいろな【泳ぎ方】

＊平泳ぎ〜顔・体を下に向けて手を左右に水平に動かして泳ぐ

＊背泳ぎ〜顔・体を上に向けて泳ぐ

＊立ち泳ぎ〜水の中に立つようにして泳ぐ

★ 防災訓練⇒火事や地震、台風など災害に備えて、身を守ったり、できるだけ被害を防いだり

するための練習。

12 スポーツ施設 2

★ 野次⇒味方を応援するため、対戦相手が不利になるように大声で言う言葉。

★【延期】と【中止】

＊延期⇒イベントなどの予定を先の日に延ばすこと。

＊中止⇒イベントなどが始まる前、または途中でやめること。

12 スポーツ施設 3

| ① | d | ② | g | ③ | e | ④ | a | ⑤ | b |

★ 武道⇒身を守ったり、心や体を強くしたりするために行う。

★ 合流する⇒川の流れだけではなく、人が途中から一緒に行動することも言う。

（例：一日遅れて出発し、旅行先で合流する）

13　港

| ① | d | ② | b | ③ | e | ④ | f | ⑤ | g |

★ 運航⇒船や飛行機が通るように決められた航路(海路や空路)を予定通りに進むこと。列車
　やバスが決められたルートを予定通りに動くことは、「運行」と書く。
★ いろいろな【船】
　　＊水上を行くもの〜　漁船(漁業をするための船)／遊覧船(あちこち見物して回る船)
　　　　　　　　　　連絡船(海峡・湖などの両岸を連絡し、乗客や貨物を運ぶ船)
　　　　　　　　　　貨物船(荷物を運ぶ船)／客船(旅行する客を乗せて運ぶ船)
　　　　　　　　　　巡航船(島から島を回る定期船)　cf.巡視船(警戒して見て回る船)
　　＊空中を行くもの〜　飛行船(空中に浮かびながら、プロペラで飛行する乗り物)
　　　　　　　　　　風船(ゴムや紙の袋をふくらませたおもちゃ)

14　ホテル

| ① | d | ② | g | ③ | a | ④ | f | ⑤ | e |

★ 宿⇒旅行先で泊まるところ。
　　＊ホテル〜西洋式のベッドがある宿。
　　＊旅館〜靴を脱いで入り、布団を敷いてもらったり、食事を部屋に運んでもらったりなどの
　　　　　　日本風おもてなし(サービス)がある伝統的な宿。

15　役所1

| ① | a | ② | e | ③ | f | ④ | d | ⑤ | g |

★ いろいろな【届け出】
　　＊盗難届・紛失届⇒お金やものを盗まれたりなくしたりしたとき、警察に届け出る。
　　＊転入届⇒① 日本に来て3か月以上滞在する人が住居のある市区町村の役所に届け出る
　　　　　　　　と、住民として登録されてマイナンバーが与えられる。
　　　　　　　② 引っ越した先の市区町村の役所に引っ越してから14日以内に届け出る。
　　＊在留カードの交付／ビザの延長(更新)・変更／資格外活動の許可／再入国の許可
　　　　　⇒ 出入国在留管理庁(入管)に届け出る。

15 役所 2

| ① | b | ② | d | ③ | c | ④ | e | ⑤ | f |

★【申請】と【申告】

＊申請⇒自分から申し込むもの。（例：奨学金の申請）

＊申告⇒しなければならない報告。（例：海外での購入品を税関に、所得を税務署に申告）

15 役所 3

| ① | c | ② | d | ③ | a | ④ | g | ⑤ | e |

★ 避難指示⇒災害のおそれがある場合に、市町村が出す避難情報の一つ。すぐに安全な場所に避難しなければならない危険なレベルを指す。

16 自然 1

| ① | d | ② | f | ③ | a | ④ | c | ⑤ | g |

★ 海流⇒一定の方向に流れる海水の流れ。赤道付近から北極や南極に向かって流れる水温の高い「暖流」と、北極や南極から赤道に向かって流れる水温の低い「寒流」がある。

★ 海峡⇒陸と陸との間に挟まれて、海の幅が狭くなったところ。

★ 着陸⇒飛行機などが陸地に着くこと。船は、岸に着くので、「着岸」または「接岸」と言う。

★ 上陸⇒飛行機や船などから降りて、陸地に上がること。

★ 和風⇒日本に昔からある伝統的な形式や方法で、「和」は日本を意味する。

＊和風レストラン（日本料理が中心の店）　＊和風建築（木で造られた家）

＊和室（畳の部屋）　＊和服（着物のこと）　＊和菓子（まんじゅう、せんべいなど）

16 自然 2

| ① | e | ② | a | ③ | c | ④ | h | ⑤ | g |

★【気候】と【天候】と【天気】

ある地域の1年間を通した気象状態のことを「気候」、季節などの短い期間の場合は「天候」、1日の場合は「天気」と言う。

★ 非常食⇒災害が起こったときのために準備しておく食料で、缶詰、カップラーメン、レトルト食品などのこと。

★ 夕立⇒夏の夕方近くに、雷とともに急に激しく降る雨のこと。

★ 周波数⇒電波や音が１秒間に振動する回数のこと。

17 位置

①	c	②	a	③	i	④	h	⑤	f

★ 【昨日（昨日）・明日（明日）】と【前日・翌日】と【先日・後日】

　＊昨日⇒今日の１日前の日　　　＊明日⇒今日の次の日

　＊前日⇒ある日の１日前の日　　＊翌日⇒ある日の次の日

　＊先日⇒今より前のある日　　　＊後日⇒今より後のある日

★ 【中央】と【中心】

　＊中央⇒左右や四方に広がる具体的な空間のちょうど真ん中。（例：校庭の中央）

　＊中心⇒空間や時間の真ん中。物事の集中する重要なところ。

　　　　　（例：町の中心にある広場／午後を中心に雨／政治・経済の中心）

★ 【〜中】と【〜中】

　＊〜中⇒何かをしているところ（最中）の意味。（例：営業中／工事中）

　＊〜中⇒ある範囲の全部・全体の意味。（例：世界中／一日中）

18 空間

①	e	②	c	③	a	④	d	⑤	g

★ いろいろな【界】

　＊広い範囲や区切り〜世界／自然界／視界／限界

　＊区切られた社会〜業界（同じ事業をしている人々の社会）／政界（政治家の社会）／
　　　　　　　　　　財界（実業家の社会、経済界）／芸能界（芸能人の社会）

<著者紹介>

山口久代（やまぐち・ひさよ）
放送大学大学院文化情報学プログラム修士課程修了。
ヒューマンアカデミー日本語学校東京校勤務（2001 年〜 2023 年）。
BJT ビジネス日本語能力テスト作成委員（2006 年〜 2008 年）。
著書：『コロケーションが身につく日本語表現練習帳』（共著、研究社）
　　　『研究社　日本語コロケーション辞典』（分担執筆、研究社）
　　　『研究社　日本語複合動詞活用辞典』（分担執筆、研究社）

竹沢美樹（たけざわ・みき）
武蔵野大学大学院言語文化専攻修士課程修了。
武蔵野大学高等学校、Coto Japanese Academy、すみだ国際学習センター勤務。
著書：『コロケーションが身につく日本語表現練習帳』（共著、研究社）
　　　『研究社　日本語複合動詞活用辞典』（分担執筆、研究社）

崔美貴（ちぇ・みき）
武蔵野大学大学院言語文化専攻修士課程修了。
東京韓国学校勤務。
著書：『コロケーションが身につく日本語表現練習帳』（共著、研究社）
　　　『研究社　日本語複合動詞活用辞典』（分担執筆、研究社）

日本語能力試験 N2・N3 対策に役立つ！
漢字の組み合わせでおぼえる日本語表現学習帳

2023 年 8 月 31 日　初版発行

KENKYUSHA
<検印省略>

著　者	山口久代・竹沢美樹・崔美貴
発行者	吉田尚志
印刷所	図書印刷株式会社

発行所　　株式会社　研究社

〒 102-8152　東京都千代田区富士見 2-11-3
電話　編集 (03) 3288-7711㈹
　　　営業 (03) 3288-7777㈹
振替　00150-9-26710
https://www.kenkyusha.co.jp/